Anke Wortmann

Kinderzeit

Copyright: © 2019: Anke Wortmann
Umschlag/Satz: Erik Kinting – www.buchlektorat.net

Verlag und Druck:
tredition GmbH
Halenreie 40-44
22359 Hamburg

Bibliografische Information der Deutschen Nationalbibliothek:
Die Deutsche Nationalbibliothek verzeichnet diese Pu-
blikation in der Deutschen Nationalbibliografie; detail-
lierte bibliografische Daten sind im Internet über
http://dnb.d-nb.de abrufbar.

Inhalt

Einleitung

Johannes begegnete mir vor ca. 14 Jahren in einer Praxis. Johannes war damals acht Jahre alt, ging in die dritte Klasse und hatte keinen Bock mehr auf Schule. Er galt als Legastheniker und schwieriger Schüler (Verdacht auf ADHS). Seine Mutter berichtete erschöpft und besorgt von einem belasteten Familienleben und Johannes` auffälligem Verhalten in der Schule. Er selbst war unzufrieden mit seiner Situation, konnte aber dauerhaft nichts daran ändern. Die Familie war ratlos: Sie wusste nicht, worin Johannes` Verhalten begründet war, was sie tun sollten und wer helfen konnte.

In den nächsten Jahren konnte ich Johannes` Entwicklung verfolgen: Er wurde über einen längeren Zeitraum regelmäßig osteopathisch (KiSS-Syndrom), kinesiologisch (Lernprobleme) und homöopathisch (Konstitution) betreut, erhielt Nachhilfe und entschied sich für einen Schulwechsel.

Schritt für Schritt verbesserte sich Johannes` Situation. Er wurde mit der Zeit ausgeglichener und zugänglicher und seine Schulleistungen wurden besser.

Als Johannes 14 Jahre alt war erfuhr ich zum letzten Mal von ihm. Es waren fast sechs Jahre vergangen. Johannes und seine Mutter erzählten, dass er inzwischen gern zur Schule gehe, gute Lese- und Rechtschreibleistungen aufweise und sich das Familienleben harmonisiert hatte. Alle Familienmitglieder und nicht zuletzt Johannes waren sehr erleichtert. Die Mutter schloss die letzte Behandlung bei dem Osteopathen mit dem Satz ab: „Wenn wir nur früher gewusst hätten, was wirklich hilft!"

Herzlich Willkommen in meinem Buch.
Ich freue mich wirklich sehr, dass Sie dieses Buch in die Hand genommen haben. Möglicherweise haben Sie die erste Geschichte von Johannes schon gelesen, von denen es viele in diesem Buch gibt.
Mein Buch ist in erster Linie für Eltern geschrieben, die sich in der Zeit mit Kindern von der Geburt bis ca. zehn Jahren befinden. Aber auch Großeltern, Pädagogen, Erzieher und Therapeuten finden auf den folgenden Seiten möglicherweise Anregungen und Hinweise.
Ich bin seit fast 20 Jahren Grundschullehrerin, Teampartnerin eines Osteopathen, Beraterin für Familien und fast so lange Mutter.
Durch die verschiedenen Professionen habe ich die Möglichkeit, bei der Betrachtung von Situationen im Leben mit Kindern verschiedene Blickwinkel einzunehmen: Das ADHS-Kind stört massiv meinen Unterricht (Lehrerin), aber natürlich ist es auch das geliebte Kind seiner Eltern (Mama) und kann möglicherweise durch ein KiSS-Syndrom gar nichts für seinen Zustand (Teampartnerin des Osteopathen).

Diese unterschiedlichen Perspektiven lassen mich Situationen oft besser verstehen und ich kann so Eltern Tipps geben, die Ursache eines Verhaltens zu erkennen und Lösungsmöglichkeiten aufzeigen.

Das Besondere dieses Buches sind die vielen wahren Geschichten aus dem Leben von Familien. Vielleicht finden Sie sich in der einen oder anderen Geschichte wieder und erfahren so, dass Sie nicht allein mit dem Problem sind. Außerdem können Sie Tipps erhalten, wie Sie die belastende Situation verändern können. Viele Tipps zum Beispiel, was eine erfahrene Tagesmutter zum Thema Schlafen sagt, dass es *die* gute Schule nicht gibt, was Sie zum Beispiel bei Legasthenie untersuchen lassen können, welche Therapie bei ADHS helfen kann, was gegen Schulangst unternommen werden kann und vieles mehr.

Das Ziel meines Buches ist es, mein Erfahrungswissen an Sie weiterzugeben.

Dieses Buch möchte ein Alltagsbegleiter sein, mit dem Sie bestenfalls direkt eine Erkenntnis, Lösung oder einen Hinweis für neue Wege vorgestellt bekommen.

Da wir im Lebensabschnitt „Kinderzeit" alle nicht viel Zeit haben, ist mein Buch in kurze Abschnitte unterteilt, die schnell zu lesen sind und an deren Ende immer ein Tipp steht, was oder wer weiterhelfen könnte.

Im ersten Kapitel geht es um die Umstände, in denen viele Familien heute leben. Was beschäftigt uns im Leben mit Kindern? Was sind die Bedingungen vieler, die sich heute für Kinder entschieden haben? Was führt zu den viel benannten Erschöpfungszuständen? (Kapitel „Auf der Familienautobahn")

Im zweiten Kapitel beschreibe Themen des Alltags mit Kindern. Dieser Abschnitt bietet viele Vorschläge für einen veränderten Umgang mit 'Alltagsherausforderungen'. (Kapitel „Weichenstellung in der Familie")

Im dritten Kapitel blicken wir gemeinsam in die Kindertagesstätte und Schule. Es zeigt meine Erfahrungen in und mit diesen Institutionen und gibt Hintergrundwissen zu Lernproblemen. (Kapitel „Routenplan Kita und Schule")

Das vierte Kapitel möchte Lösungsmöglichkeiten (Therapien) vorstellen, die anderen geholfen haben, mit Problemen wie Entwicklungs- und Aufmerksamkeitsstörungen (auch ADHS), Ängsten, Lernblockaden, Traumata usw. umzugehen (Kapitel „Haltestellen am Straßenrand").

Außerdem kann dieses Buch präventiv genutzt werden, denn viele Auffälligkeiten wie Lernschwächen, Entwicklungs- und/oder Verhaltensprobleme müssen nach meinen Erfahrungen nicht entstehen, wenn Eltern informiert sind.

Wenn Sie dieses Buch gelesen haben, können Sie Ihr Kind

1. besser verstehen,
2. haben viel Insiderwissen über Kita- und Schulthemen erhalten
3. kennen Therapien, die wirklich helfen.

Somit können wir gemeinsam Ihren und vielleicht auch anderen Kindern eine positive Entwicklung ermöglichen und somit gute Voraussetzungen für ein erfülltes Leben zu schaffen.

So, bevor es nun wirklich losgeht, ist mir noch eines wichtig:
Ich möchte in diesem Buch weder Werbung für mich noch andere Personen machen. Auch liegt es mir fern, bestimmte Therapieverfahren als die einzig richtigen anzupreisen. Dieses Buch erhebt keinen Anspruch auf Vollständigkeit oder Ausschließlichkeit. Es ist vielmehr eine Zusammenfassung meiner multiprofessionellen Erfahrungen.

Auf der Familienautobahn

Perfektionsdrang

Neulich saß ich mit meiner Freundin zusammen und wir überlegten, was das Leben mit Kindern für viele von uns so anstrengend macht. Wir Eltern versuchen oft, ein perfektes Leben für uns und unsere Kinder zu erreichen. Beruflich erfolgreiche Eltern, bestens geförderte Kinder, ein ansprechendes Zuhause, angemessene Kleidung, Mitgliedschaften in Vereinen usw. sind in unserer Gegend – ein großer Automobilhersteller prägt das Bild der Landschaft – wichtig. Schaut man auf manch eine Familie, so hat man den Eindruck, es sei alles perfekt. Immer wieder passiert es meiner Freundin und mir, dass wir unsere Familien mit anderen vergleichen und an verschiedenen Stellen einen Mangel fühlen: Mal fährt die eine Familie das teurere Auto, ein anderes Mal wirken die Kinder besonders gut erzogen oder gefördert, dann wiederum machen die Eltern auf uns einen besonders entspannten, sportlichen oder fröhlichen Eindruck. Unsere gerade durchwachte Nacht – da unser Kind gespuckt oder gehustet hat oder nicht schlafen konnte – kommt uns dann wie ein Hinweis auf unsere eigene Unfähigkeit vor. Wir stellen uns dann Fragen: Rastet Leonie nie aus und schmeißt sich dabei wie unser Kind vor allen Leuten auf den Boden, sodass wir gern in demselben vor Scham und Hilflosigkeit verschwunden wären? Warum schläft Jonah jede Nacht durch, während unsere Kinder jede Nacht in unser Bett kommen? Ist es nicht doch wichtig für die Laufbahn unserer Kinder, dass sie chinesisch lernen, da der Automobilhersteller ein Werk in China betreibt? Ist unser Kind nicht doch überdurchschnittlich sportlich veranlagt, weil es stets und ständig Räder schlägt? Gehört es zum Leistungsturnen?

Wir fragten uns, was hinter all unseren Überlegungen steckt? Hier nun unsere (ganz sicher nicht vollständige) Liste:

- der Anspruch von uns Eltern, sich selbst und seinen Kindern ein perfektes Leben ermöglichen zu wollen
- der Wunsch, alles richtig zu machen
- die Medien, die uns mit ihrem Bild von der Welt Perfektion vorspielen
- einer gesellschaftlichen Schicht angehören zu wollen
- Aufwertung von uns Eltern über den Erfolg der Kinder

Ich für mich kann sagen, dass ich es immer sehr gut machen möchte. Das ist zum Teil sehr anstrengend und bringt mich immer wieder in die Erschöpfung. Weitergeholfen haben mir hier die Gedanken von John Strelecky in seinem Buch „Das Leben gestalten mit den Big

Five for Life" (siehe Literaturliste). Hier beschreibt er, dass Menschen, die überzeugt davon sind, dass „Perfektion erreicht werden kann und stets angestrebt werden sollte, mit Überraschungen leben müssen. Denn es werden nach wie vor Mängel vorhanden sein." Er plädiert dafür, „suboptimale Gegebenheiten" zu akzeptieren, um Raum für eigene Pläne zu haben. Ich lasse nun (manchmal) bewusst eine Aufgabe aus, die ich eigentlich noch hätte schaffen könnten oder bitte jemand anderes sie zu tun. Aber es fällt mir sehr, sehr schwer.

Mir hat weiterhin geholfen, mich auf die Werte meiner Familie zu besinnen (siehe Tipp). Was ist uns wirklich wichtig? Sich darauf zu besinnen hilft mir, wenn ich mal wieder in der „Vergleichsfalle" gelandet bin.

Tipp:
Vielleicht hilft es auch Ihnen herauszufinden, was die Grundidee *Ihrer* Familie ist. Was ist das Wichtigste, was in Ihrer Familie gelebt wird und was sie zusammenhält: Toleranz, Gemeinsamkeiten, Freiheit, Kultur? Gibt es etwas, auf das Sie stolz sind, wenn etwas anderes nicht so läuft, wie Sie es sich wünschen? Auf was sind Sie stolz in Ihrer Familie? Falls Sie sich hierzu erst ein wenig Gedanken machen möchten, eines geht immer: dankbar zu sein, dass alle abends wieder gesund in ihren Betten liegen!

Die Erschöpfungsfalle

Das Thema Burnout ist in aller Munde. Viele Erwachsene und auch immer mehr Kinder sind erschöpft. Auch schon im Grundschulalter trifft man Kinder, die einfach nicht mehr können. In diesem Kapitel geht es um die Eltern, in einem späteren um die Kinder (siehe Burnout in der Kindheit).

Der erste Gedanke gilt dem Elternwerden:
Mit der ersten Schwangerschaft beginnt für das Paar eine neue Zeitrechnung. Das Eintauchen in eine bis hierhin nur durch Hören und Sagen bekannte Welt will gestaltet werden. Zeiten voller Informationen, Termine, Ratschläge und Entscheidungen nehmen die werdenden Eltern zumindest beim ersten Kind sehr in Anspruch: Welche Untersuchungen lasse ich beim Ungeborenen machen, wie möchte ich gebären, wer bleibt wie lange zu Hause, wo bleibt unser Kind, wenn ich/wir wieder arbeiten? Und nicht zuletzt die vielen gut gemeinten Ratschläge von Freunden und Familie gilt es für sich zu überprüfen.
Zur vollkommen neuen Lebenssituation nach der Geburt des Kindes/der Kinder kommen in der Kinderzeit die täglichen Hausarbeiten, Termine oder die Wiederaufnahme der Arbeit. Der meines Erachtens größte Stressfaktor ist der Zeitstress. Nahezu alles muss zügig erle-

digt werden und ist terminiert. Ist die eine Sache erledigt, fragt man sich, was als nächstes erledigt werden muss. Und egal wie gut man strukturiert ist, es bleibt gerade in den ersten Jahren mit Kindern am Ende des Tages immer noch etwas übrig, das nicht erledigt wurde. Das kann sehr erschöpfen!

Die Aufgaben des Tages füllen die Zeit so aus, dass für einen selbst oder für die Eltern als Paar kaum Zeit bleibt. Die Freude und das Glück über das neue Lebewesen zu genießen und der Natur seinen Lauf zu lassen, gelingt zumindest beim ersten Kind nicht bei jedem. Vielfach enden in den folgenden Jahren die Tage voller Aufgaben abends vollkommen erschöpft auf dem Sofa.

Wenn ich im privaten Umfeld, der Schule oder in der Beratung mit Eltern ins Gespräch komme, wird oft die Erschöpfung, manchmal auch Verzweiflung über die Lebenssituation deutlich. Nicht selten fließen Tränen. Die Kinderzeit ist und bleibt auch mit meinen nun folgenden Tipps eine intensive, anstrengende Zeit.

Tipp:
Was kann helfen, nicht in der totalen Erschöpfung zu landen?
1. die Erkenntnis, dass wir uns in der Kinderzeit befinden, die aber nur ein Teil unseres Lebens ausmacht (Gedanke: Das hört nie auf!).
2. halb optimale Lösungen können Zeit verschaf-

fen (Gedanke: Alles muss perfekt sein!).

3. der Versuch, nichts zu tun, was ich nicht vor mir selbst, meinem Partner/meiner Partnerin oder später möglicherweise vor meinem Kind/meinen Kindern rechtfertigen kann (Gedanke: Ich mache alles falsch!).

Der zweite Gedanke gilt den Finanzen:

Mit der Familienplanung steht bei vielen Paaren der Gedanke im Vordergrund, den aufgebauten Lebensstandard auch nach der Geburt ihres Kindes/ihrer Kinder aufrechterhalten zu wollen. Manchmal ist sogar der Umfang der Familienplanung davon abhängig, wie viele Kinder man sich 'leisten' kann. Für die Lebenshaltungskosten einer Familie braucht es häufig zwei Gehälter. Manchmal genügen jedoch noch nicht einmal zwei Jobs – es müssen drei oder vier sein –. Fällt ein Verdiener durch Schwangerschaft oder Elternzeit aus, gerät die Familie oft in eine finanzielle Schieflage. Die Sorge und manchmal auch die Streitereien der Eltern um die Finanzen beeinträchtigen dann eine Zeit, die von Geborgenheit und Liebe geprägt sein sollte.

Mit dem Elterngeld vom Staat ist hier ein Anfang gemacht worden, der im ersten Lebensjahr des Kindes der Familie weiter hilft. Danach jedoch müssen die Eltern wieder allein für den Lebensunterhalt sorgen. Familie und Beruf unter einen Hut zu bekommen ist für Mütter und Väter eine große Herausforderung, die schnell zu Erschöpfungszuständen führen kann.

> Tipp:
> Möglicherweise hilft es, wieder mehr mit anderen zusammen zu machen: Die Anwohner einer Straße oder eines Häuserblocks können sich gegenseitig unterstützen: Der eine kann Autos reparieren, die andere kocht für zwei Familien, eine Mutter/ein Vater ist zuhause und kann auf die spielenden Kinder aufpassen, man hilft sich gegenseitig im Garten, beim Transport zur Kita, Schule, zum Sport usw. Wieder mehr zusammen zu machen kann hier Erleichterung verschaffen und Kosten sparen.

Wir versäumen nichts, wenn unser Kind etwas verpasst!

Wahrscheinlich waren die zeitlichen Vorgaben für Untersuchungs- und Impftermine, Kindergartenbeginn und Einschulung noch nie so stark strukturiert wie in dieser neu entstehenden Generation. Alle Untersuchungen und Lebensabschnitte sind zeitlich eingeordnet und inhaltlich festgelegt.

Kinderzeit 0-3 Jahre:
Kaum war unser Kind geboren, wurden wir über die verschiedenen Untersuchungstermine informiert. Diese sind bekanntlich vorgeschrieben und zeitlich festgelegt. Bei der zweiten Untersuchung informierte uns unsere Kinderärztin über den Impfplan. Es sei ihre Pflicht, so sagte sie, und beschrieb uns den Ablauf.
Wir hatten uns im Vorfeld über den Sinn und Unsinn von Impfungen informiert und hatten uns für eine Auswahl von Impfungen entschieden. Unsere Kinderärztin hörte sich unsere Meinung an und akzeptierte diesen Weg, was in den heutigen Zeiten auf keinen Fall eine Selbstverständlichkeit ist! Eltern werden von den Ärzten massiv unter Druck gesetzt. Es wird ihnen Angst gemacht, das Falsche für ihr Kind zu entscheiden und ihm im schlimmsten Fall bewusst Schaden zuzufügen. Auch wir mussten uns an verschiedenen Stellen rechtfertigen, warum wir uns nur für eine Auswahl von Impfungen entschieden hatten. Hier helfen häufig anthroposophisch arbeitende Ärzte (siehe Weblink in der Literaturliste), einen anderen Weg einzuschlagen. Bei uns war es eine auch homöopathisch arbeitende Kinderärztin, die auf unsere Wünsche einging, ohne ihre Informationspflicht zu verletzen.

Auch die U-Untersuchungen haben wir selbstverständlich in den ersten Jahren wahrgenommen. Als wir aber die ersten Antworten in die Richtung: „Das verwächst sich schon" erhielten, sind wir begleitend u.a. zu einem Osteopathen gegangen, der echte Antworten hatte.

Viele Eltern haben den Wunsch, ihrem Kind gerade in den ersten Lebensjahren umfangreiche Förderungen zukommen lassen, damit es sich gut entwickelt. Die Angebote sind vielfältig:
Krabbelgruppen, PREKiP (Prager Eltern-Kind-Programm), Babyschwimmen, frühmusikalische oder frühsprachliche Erziehung, um nur einiges zu nennen. Ab ca. zwei Jahren können Sportverein, Fremdsprachenunterricht etc. folgen. Der Wunsch der Eltern, dem Kind das Beste zu ermöglichen steht nicht selten den Wünschen des Kindes entgegen. Das eine Kind möchte nicht ins Wasser und schreit, wenn es die Schwimmhalle schon sieht, das andere Kind möchte einfach nicht nackig mit zehn anderen auf einer großen Decke liegen, wiederum einem anderen ist es zu laut im Musikunterricht. Viele Eltern werden unsicher und fragen sich, wo der Fehler liegt. Meine Antwort darauf: Es gibt keinen Fehler – jedenfalls nicht bei den Kindern oder Eltern.

Nachdem unser Kind geboren war, stellten wir uns die Frage, welche Babygruppe, welchen Schwimmkurs oder

Spielkreis ich mit unserer Tochter am besten besuchen sollte. Wollte doch auch ich mein Kind von Anfang an fordern und fördern. Angebote und Tipps von erfahrenen Müttern gab es genug und so trabte ich gehetzt und müde in einige dieser Gruppen. Maria hatte stets nur eine Antwort : Sie schrie nach kurzer Zeit. Offensichtlich fühlte sie sich unwohl. Erfahrene Mütter oder gar die Leiterin des jeweiligen Kurses versicherten mir, dass das normal sei und dass sich unser Kind sicherlich daran gewöhnen würde. Maria tat es nicht und ich auch nicht. Wir ließen unser Kind nie schreien und ich wollte nicht in diesen Gruppen damit beginnen. Fazit war, dass ich mich falsch und unfähig fühlte und mir die Frage stellte, ob nun aus meinem Kind ein auffälliges oder schwieriges Kind werden würde.

Wir gingen in der Anfangszeit also weiterhin morgens und nachmittags durch die Wälder der Umgebung und Maria nahm ansonsten an unserm Alltag teil.

Später trafen wir uns mit Freunden, die auch Kinder hatten und verbrachten die Nachmittage gemeinsam.

Heute weiß ich, dass diese Anfangszeit diejenige war, die unsere Tochter mit uns verbunden hat. Wir haben ihre und unsere Bedürfnisse als oberste Priorität angenommen und so zu einer sicheren Bindung gefunden. Diese Bindung begleitet uns bis heute. Sie trägt uns durch die Ereignisse des Alltags und wir können sie jederzeit abrufen. Wir haben damals mühsam und in vielen Gesprächen mit Menschen, die an unserer Seite standen, gelernt, unseren Weg mit unserem Kind zu gehen. Wir haben auf Marias und unsere Bedürfnisse geachtet.

Tipp

Haben Sie den Mut, Ihren Bedürfnissen und denen Ihres Kindes zu folgen. Ihr Kind soll Ihr Kind sein und nicht irgendeines. Daher braucht es Mut zu Individualität. Auch schon so früh! Vielleicht nimmt der Vater das Baby mit zum Cappuccino-Trinken (natürlich nur für ihn), Sie es mit in den Pferdestall oder anderes. Die Möglichkeiten sind vielfältig.

Kinderzeit 3-6:

Hieß der Ort, an dem die Kinder von drei bis sechs Jahren ihre Zeit verbringen früher noch Kindergarten, wird er heute Kindertagesstätte genannt. Dieses neue Wort beinhaltet meines Erachtens die veränderten Inhalte, die in vielen ehemaligen Kindergärten Einzug gehalten haben. Der Kindergarten ist heute nur noch sehr selten ein Stätte, in der viel Zeit fürs Spielen oder einfach nur 'sein' ist. Der Wunsch der Politik/Wirtschaft und vieler Eltern ist eine Förderung der Kinder schon in der Kita. So bestimmen viele, häufig auf die Schule ausgerichtete Aktionen, den Kindergartentag (z.B. Mathebrücke, Zahlenland, Sprachförderung …). Das ist in meinen Augen der falsche Weg, denn viele Kinder wollen dann spielen, wenn sie in die Schule kommen. Vereinzelt gibt es noch Kindergärten, die den Kindern viel Zeit zum Spielen geben und denen Gemeinsamkeiten wie gemeinsame Mahlzeiten, Lieder, Fingerspiele etc. wichtig sind.

Die Möglichkeit, sein Kind mittags aus der Kita zu holen, hat nicht jede(r). Wenn es aber irgendwie möglich ist, tun Sie es.

Warum? Weil es die Kinder nach meinen Erfahrungen überfordert, einen acht-Stunden-Tag zu haben. Im Kindergarten wie übrigens auch in der Schule. Außerdem benötigen die Kinder viel Zeit, sich von der Lautstärke, den sozialen Kontakten und den Aktivitäten des Tages zu erholen. Ich beobachte, dass die meisten Kinder nach ihrem „Arbeitstag" wenig Lust und Kraft haben, sich aus eigenem Antrieb für eine Sache zu interessieren und landen nicht selten vor dem Tablett, Handy, X-Box, Playstation o.a. Sie sind genau so erschöpft wie wir, wenn wir von der Arbeit kommen, auch wenn sie „nur" gespielt haben.

Wenn Sie Ihr Kind mittags abholen können, haben Sie den Mut, den Nachmittag frei zu lassen. Ihr Kind/ihre Kinder haben so Zeit, eigene Spiele mit dem eigenen Spielzeug zu spielen, sich zu verabreden oder Zeit mit Mama, Papa, Oma, Opa, Tante, Onkel … zu verbringen.

Mir ist bewusst, dass nicht alle Eltern ihre Kinder mittags aus der Kita oder Schule abholen können, aber mir ist es wichtig, meine Beobachtungen weiter zu geben: Es ist für die Kinder eine enorme Kraftanstrengung, einen so langen Tag zu bewältigen. Die Kinder sind oft sehr erschöpft, in einer Zeit, in der man eigentlich vor Abenteuerlust und Aktivität erfüllt ist. Meine Befürchtungen gehen dahin, dass diese Erschöpfung Folgen haben wird. In der Schule ist es durch mangelnden Antrieb und mangelnde Aufnahmefähigkeit zu spüren – übrigens oft im Gegensatz zu den Kindern, die mittags nach Hause gehen …

Tipp:
Wenn Sie den ganzen Tag arbeiten müssen und niemanden haben, der sich ab Mittag um ihr Kind kümmern kann, dann ist das so. Daran lässt sich nichts ändern und Sie lieben Ihr Kind daher ja nicht weniger. Wichtig ist aber zu wissen, dass Ihr Kind auch einen langen Arbeitstag hinter sich hat und sich von diesem ausruhen muss. Legen Sie eine kleine, verspätete Mittagspause ein, nachdem sie zuhause angekommen sind, in der sich jeder etwas vom Tag erholen kann – mit einer Süßigkeit oder einem Kaffee. Danach ist vielleicht wieder Kraft und Lust zum Spielen oder für andere Aktivi-

täten.

Wer sein Kind mittags abholen kann, sollte den Mut haben, wenig Aktivitäten zu planen, das Kind sich auch mal zuhause langweilen lassen, ein Hobby zu fördern und Nachmittagsverabredungen Raum zu geben. Die Nachmittage vieler Kinder sind häufig ausgefüllt, so bleiben nur wenig andere Kinder zum Spielen, die dafür manchmal über Jahre.

In der Kindergartenzeit ging Maria nicht zum Frühenglisch oder in eine Sportgruppe. Sie hatte einfach keine Freude daran, mit vielen ihr unbekannten Kindern zusammen zu sein. Sie spielte mit ihren Freundinnen bei uns oder besuchte diese wiederum zuhause, sie spielten drinnen oder draußen. Egal ob Winter oder Sommer. Und es wurde ihnen nicht langweilig.

In der anschließenden Schulzeit zeigte sich, dass die Nachmittage vieler Kinder häufig ausgefüllt sind. Sie sind ganztägig in der Schule und haben im Anschluss noch Therapien, Nachhilfe, gehen in den Sportverein oder sind einfach zu erschöpft für weitere Aktivitäten.

Eine Mutter erzählte mir neulich, dass sie sich häufig gegenüber ihren Freunden rechtfertigen muss, da sie sich für freie Nachmittage ihrer Kinder entschieden hat. „Ob sie nicht Angst hätte, dass ihre Kinder etwas verpassen?"

Ich möchte mit diesen Beispielen nicht sagen, dass alle Gruppen schlecht sind, sondern dass man es auch anders machen kann und die Kinder trotzdem glücklich und gesund heranwachsen können!

Weichenstellung in der Familie

Die Familie ist und bleibt für uns und unser Kind der wichtigste Lebensbereich. Hier werden wir geliebt, hier haben wir Vorbilder und hier erhalten wir Regeln, Unterstützung und Förderung.

Jedoch sind hier zugleich die meisten Unsicherheiten zuhause: Warum klappt es bei anderen mit dem Schlafen und bei uns nicht? Wie lange darf mein Kind Fernsehen schauen/Nintendo spielen/Chatten? Warum ziehen wir nicht als Eltern nicht an einem Strang? Wie viele Süßigkeiten darf mein Kind täglich essen?

Die Liste kann ins Unendliche fortgesetzt werden.

Da es keine allgemeingültigen Regeln gibt, habe ich im folgenden Kapitel gesammelt, wie andere Familien diese Themen gelöst haben. Vielleicht finden Sie für sich in den Beispielen Ansätze, die Sie in Richtung familiärer Zufriedenheit in Ihrer Familie weiterbringen. Zu Beginn dieses Themenbereiches steht das Thema Schlafen, das wahrscheinlich Wichtigste in den ersten Jahren.

Schlafen: Ich will bei euch sein!

Wissen Sie, was eine Lehrerin und beratende Kinesiologin denkt, wenn sie ein Kind erwartet? Sie denkt, das wird einfach, denn sie weiß ja schon so viel über Kinder. Tja und dann kam die Realität …

Unsere Tochter kam spontan und in einem Geburtshaus zur Welt. Für uns war es eine Möglichkeit, unser Kind in einer erfahrenen, aber geschützten Umgebung zu bekommen. Alles verlief gut und die ersten Tage unseres gemeinsamen Lebens waren wunderbar entspannt und harmonisch.

Nach wenigen Wochen begann eine anstrengende Phase. Maria schlief ab nun und in den darauffolgenden Monaten und Jahren nur auf unserem Arm oder bei uns im Bett. Ich erinnere mich noch gut an all die Tipps, die ich zu diesem Thema erhielt. Wir hatten alles abgeklärt: Sie war schulmedizinisch gesund, sie wurde regelmäßig osteopathisch begleitet, die Kinderärztin behandelte homöopathisch usw.

Wir versuchten alles, um mit diesem Problem fertig zu werden, aber Maria hatte nur eine Antwort auf alle Bemühungen: Ich will bei euch sein! Mein seelischer und körperlicher Zustand war aufgrund des Schlafmangels in dieser Zeit desolat. Ich war so verzweifelt und der festen Überzeugung etwas falsch zu machen, da ja alle anderen Kinder angeblich allein schlafen konnten.

Wenn körperlich alles wirklich in Ordnung ist gibt es nur eines: Wir müssen da gemeinsam durch. In meinen Augen ohne Geschrei. Denn das Kind schreien zu lassen ist falsch. Ein Säugling kennt die Zeitspanne „Nur ein paar Minuten" nicht! Für ihn ist alles jetzt. „Mama/Papa ist jetzt nicht da. Ich habe jetzt Angst/Hunger/Wunsch nach Nähe!"

Und ich bin der festen Überzeugung, dass jede große Angst abgespeichert wird und sich später wieder in anderer Form zeigen kann: z.B. Probleme mit dem Alleinsein, schlechtes Ein-oder Durchschlafen, Ängste etc. Wenn die Kinder älter sind kann man die Zusammenhänge zu Angst machenden Erlebnissen im Säuglingsalter nur schwer wiederherstellen.

Tipp:
Eine erfahrene Tagesmutter befürwortet für den Abend einen festen Ablauf. Nach ihrer Erfahrung muss es zum Abend ruhig werden: kein Toben, kein Fernsehen, keinen Streit (und wenn, muss der Streit beigelegt sein, bevor das Kind ins Bett geht). Entwicklungsbedingt, so sagt sie, haben Kinder mal mehr mal weniger Ängste und brauchen dann die elterliche Nähe.
Viel Stress entsteht dadurch, dass Eltern befürchten, dass die Kinder nach dieser Phase nicht mehr in ihrem Bett schlafen wollen. Dem ist nach ihrer Erfahrung selten so.
Zum guten Einschlafen schlägt sie vor, eine Hand mit *leichtem* Druck auf den Körper des Kindes zu legen. Diese Hand vermittelt Sicherheit und Halt.

Tipp:
Bei Paungger und Poppe (siehe Weblink in der Literaturliste) findet man folgende Hinweise:
Schlafprobleme bei Kindern werden … verursacht durch: Steinfrüchte (Kirschen etc.), Süßigkeiten, Bettchen auf einem schlechten Platz, generell Obst nach 16 Uhr und Fernsehen bis zu zwei Stunden vor dem Schlafengehen.
Wegen des Tagesrhythmus der Organe schlafen Kinder … vor 19 Uhr leichter ein als nach 19 Uhr.

Mutter und Vater dürfen und müssen verschieden sein

So sehr verschieden Männer und Frauen sind, so verschieden verhalten sie sich auch in der Kindererziehung. Die Mutter ist in den ersten Jahren die wichtigste Person im Leben ihrer Kinder. Sie hegt und pflegt das „Nest" und lernt durch den intensiven Kontakt mit ihren Kindern (Stillen, Pflege, Krankheiten, Entwicklung usw.) deren Bedürfnisse und Charaktere kennen. Ausgehend von den Eigenheiten jedes einzelnen Kindes entwickelt zumeist die Mutter Strategien für den Alltag, die in den ersten Jahren gut funktionieren. In dieser Zeit gerät der

Vater häufig in die Defensive. Vieles, was er zur Lösung von Konflikten beiträgt, erweckt den Eindruck von einem Eingriff in ein anderes Universum.

Spätestens in der Trotzphase beginnt das innige Verhältnis zwischen Mutter und Kindern zu wackeln. Bisherige Strategien funktionieren nicht mehr, viele Kinder lehnen sich auf – auch gegen die Mutter – und allein mit Erklärungen und Diskussionen scheint man oft nicht mehr weiter zu kommen. Die Kinder werden zunehmend schwieriger zu führen und nicht selten hören die Väter abends nicht nur von den angenehmen Erlebnissen der Mutter mit den Kindern. Manchmal nehmen Verzweiflung und Erschöpfung ein Ausmaß an, die die Partnerschaft und Familie gefährden. Liebesentzug („… dann hat Mama/Papa.. dich nicht mehr lieb"), Ausgrenzen („Geh in dein Zimmer") oder Erpressung („Wenn du nicht… dann…") sind in dieser Zeit Strategien, die nicht selten zum Einsatz kommen. Spätestens jetzt käme der Vater ins Spiel, wenn er denn will oder darf. Im besten Fall ist er es schon!

In meinen nun folgenden Ausführungen könnte der Eindruck entstehen, dass nur der Vater diese Situationen retten kann. Das meine ich nicht. Ich sehe aber den Vater mit seiner männlichen Art zu erziehen hier als sehr unterstützend an.

Väter gehen oftmals einen anderen Weg in der Erziehung. Sie erklären oder diskutieren nicht lang, was zu tun ist, sondern bestimmen. Sie kümmern sich weniger um die eingeführten Rituale als um die Durchsetzung ihrer Anweisungen. Sie verändern Rituale, sie werden schneller energisch und setzen ihre Meinung durch.

Nach einer Studie der Brigham Young University in New York sind Vorbild und Erziehungsstil der Väter prägend für die Ausbildung bestimmter Fähigkeiten und Charaktermerkmale. Hierzu gehört die Fähigkeit, eine begonnene Sache zu Ende zu bringen und gegen Widerstände durchzuhalten und ein Projekt „durchzuziehen". Die wesentlichen Merkmale des, wie die Forscher ihn nennen, autoritativen (nicht autoritären) Erziehungsstils, werden wie folgt beschrieben:

- Wärme und Zuwendung durch den Vater
- Betonung von Verantwortlichkeiten und die Begründung von Regeln
- angemessener Freiraum der Kinder für eigene Entscheidungen

Kinder, deren Väter die wesentlichen Merkmale dieses Erziehungsstils aufwiesen so die Studie,, waren in der Folge erfolgreicher in der Schule und sie kamen weniger häufig mit dem Gesetz in Konflikt.

Ich kann als Lehrerin die Richtigkeit dieser Studie bestätigen. In der Schule ist zu beobachten, dass Kinder, die gelernt haben, Anweisungen direkt zu befolgen und sie genauso umzusetzen, wie sie ausgesprochen wurden, es viel leichter haben, ihre Aufgaben zu bewältigen. Sie können die Arbeitsaufträge schneller umsetzen und diskutieren nicht mit der Lehrkraft, ob nicht doch der gelbe anstatt der blaue Stift genommen werden kann. Diese Kinder hadern auch seltener mit dem, was zu tun ist und sind deshalb oft besser in der Schule, weil sie wertvolle Arbeitszeit und Energie in die gestellten Aufgaben stecken. Sie halten sich öfter an die Klassen- und Schulregeln und können so zu einem Vorbild ihrer Gruppe werden. Ganz sicher ist das nicht nur der Verdienst der Väter, aber auch.

Kinder und manchmal auch Mütter reagieren unterschiedlich auf die Erziehungsmethoden des Vaters. Die Kinder reagieren häufig mit Abwehr („Papa ist immer so streng") oder Verwirrung („Mama macht das aber immer so und so") und auch wir Mütter haben mitunter Schwierigkeiten, den anderen Erziehungsstil zu akzeptieren. Im Alltag führen diese Unterschiedlichkeiten nicht selten zu Diskussionen und Streit der Eltern über Kindererziehung. Wir Mütter hätten es eben ganz anders gemacht. Aber darum geht es nicht. Es geht für den Vater nicht darum, uns zu kopieren. Das schafft er nicht. Es geht darum, dass er seinen Weg mit seinen Kindern findet und leben darf.

Lisa:

Lisa, die vierjährige Tochter der Familie, übernahm das Ruder in der Familie. Sie setzte durch, was sie wollte und bekam es bisher auch. Sie war ja die Kleine. Mutter und Vater taten für beide Kinder (es gibt noch einen achtjährigen Bruder) alles, damit sie glücklich sind – auch unter Verdrängung der eigenen Bedürfnisse. Nun geriet das Familienleben ins Wanken, da Lisa mit großer Bestimmung versuchte ihren Kopf durchzusetzen. Die Mutter war erschöpft von den vielen Diskussionen und Streitereien und beschwerte sich nahezu jeden Abend bei ihrem Mann über die Kinder.

Lisa hatte ihren Vater ein wenig um den Finger gewickelt, so dass es für den diesen gar nicht so einfach war, seiner Tochter Grenzen zu setzen.

Aber in unserem Gespräch sagte er auch , dass er Lisas Verhalten nicht richtig findet. Er traue sich aber nicht ihr Grenzen zu setzen, da er selbst sehr streng erzogen wurde und das für seine Kinder nicht wolle.

Doch zwischen Unterdrückung – die er erlebt hatte – und dem Einfordern bestimmter Regeln gab es auch für ihn Unterschiede. Langsam veränderte er sein Verhalten und Lisa musste sich umstellen. Für sie war der veränderte Einsatz des Vaters vollkommen neu. Bestimmt aber ruhig setzte er seine Regeln um. Lisa protestierte zunächst mit vollem Einsatz, akzeptierte die Regeln jedoch zunehmend. Dieser Prozess war für die

Familiensituation von großer Wichtigkeit: mehr Ruhe und weniger Kampf. Regeln geben Sicherheit und Stabilität.

Tipp:
Ich weiß, dass es viele Alleinerziehende gibt oder dass viele Väter so viel arbeiten, dass die Mütter nahezu alleinerziehend sind.
Es ist mir wichtig das Bewusstsein dafür öffnen, dass die männliche Energie für die Kinder genauso wichtig ist wie die weibliche.
Vielleicht gibt es ja im Umfeld der Alleinerziehenden jemanden, der hier unterstützend tätig werden kann. Für Jungen und für Mädchen gilt das übrigens gleichermaßen.

Als ich erstmals, als Maria drei Jahre alt war, wieder allein für ein paar Tage wegfuhr, war das zunächst ein komisches Gefühl. Konnte ich noch allein sein – ohne meine Familie, ohne die ständigen Ansprachen und Aufgaben, die ich als Mutter/ Partnerin und Kollegin am Tag so zu bewältigen hatte? Ich konnte.
Aber zunächst kam ein tränenreicher kleiner Zusammenbruch, als ich im Urlaubsort angekommen, zuhause anrief und meine Tochter weinend am Telefon hatte: „Mama, wo bist du? Ich will zu dir." Es brach mir fast

das Herz. Mein Mann sagte, dass bis zu dem Zeitpunkt, an dem ich angerufen hatte, eigentlich alles gut gewesen sei. Natürlich vermisse Maria mich und hätte ihn gefragt, ob sie nicht zu mir fahren könnten. Aber nachdem er ihr erklärt hatte, dass das nicht ginge, war es irgendwann in Ordnung für sie.

Als ich aufgelegt hatte, weinte ich. Ich weinte und weinte, und erst langsam kehrte die Freude über die freie Zeit ein. Ich hatte mir ein paar Termine auf der Insel gebucht, und so hatte ich immer wieder Ziele. Die Zeit war wunderbar und sehr erholsam, wenn auch nicht von Anfang an.

Zuhause wurde in der Zeit alles anders gemacht. Zeitpunkte fürs Essen, Kleiderwahl, Schlaforte – alles wurde außer Kraft gesetzt. So, wie ich es nie gemacht hatte und hätte.

Aber es funktionierte- sehr gut sogar. Mein Mann und Maria waren eine Einheit, für deren Beziehung von unschätzbarem Wert, wie sich noch heute zeigt.

Als ich nach dem Urlaub die Treppenstufen zu unserem Haus hinaufkam, sah ich meinen Mann und Maria im Wohnzimmer.: Völlig entspannt las der eine und spielte die andere.

Als ich die Tür aufschloss, rief Maria: „Mama!! Ich habe Hunger, können wir etwas spielen, weißt du was wir alles gemacht haben?" Willkommen zuhause, Anke! Wie schön.

Natürlich hatte mein Mann vieles anders gemacht – einiges, was ich niemals so gemacht hätte. Aber es hat funktioniert.

Wichtig ist: Wir Eltern halten zusammen, auch wenn wir nicht immer zu hundert Prozent mit dem Vorgehen des anderen einverstanden sind und besprechen die Differenzen zu einem späteren Zeitpunkt – in Abwesenheit der Kinder!

Wir bleiben auch ein Paar

Eltern zu sein ist toll, jedenfalls meistens.

Angefangen haben wir Eltern jedoch als Paar. Auch wenn das gefühlt in einem anderen Leben war, gab es doch eine Zeit, in der der Partner oder die Partnerin der wichtigste Mensch in unserem Leben war. Mit den Kindern hört das oft auf: Die Kinder stehen nun im Mittelpunkt der Aufmerksamkeit. Der Partner rückt nicht selten in den Hintergrund.

Um die Partnerschaft in der Kinderzeit auf neues, gutes Fundament zu stellen, gilt es folgende Fragen zu überdenken: Was macht uns als Paar aus? Was muss unbedingt aufrechterhalten werden, damit die Partnerschaft in dieser so besonderen Zeit mit Kindern nicht scheitert? Was ist wichtig für den Mann, was für die Frau?

Ganz bestimmt sind es für jedes Paar andere Aspekte. Der meines Erachtens wichtigste Punkt ist, dass man sich als Paar nicht aus den Augen verliert und dass es Zeiten gibt, die dem Paar allein gehören – wenn diese auch nur kurz sind. Die folgenden Geschichten zeigen, wie es Paaren gelingen konnte, sich ein wenig gemeinsame Zeit und Aufmerksamkeit füreinander sichern zu können.

Das Paar Handtke kam zu mir in die Beratung. Beide Eltern berichteten übereinstimmend, wie erschöpft sie sind und dass sie keine Zeit mehr hatten miteinander zu reden.

Herr Handtke nahm sich jeden Tag nach der Arbeit Zeit für die drei Kinder, auch, um seine Frau zu entlasten. Frau Handtke war am Nachmittag noch mitten in den Aufgaben des Tages. Beide Eltern waren unzufrieden mit der Situation, da sie keine Zeit mehr hatten sich in Ruhe auszutauschen.

In unserem Gespräch, das natürlich ohne die Kinder stattfand, klärten wir zunächst die Bedürfnisse der Eltern. Beide wünschten sich, wenn Herr Handtke von der Arbeit nach Hause kommt, etwas Zeit für einander, um die wichtigsten Ereignisse des Tages zu besprechen. Hierfür kamen die Eltern auf die „einen-Kaffee-lang"-Zeit, die ab diesem Tag nur ihnen beiden gehörte. Auch wenn die Kinder im Haus waren und schon sehnsüchtig darauf warteten, mit ihrem Papa spielen zu können: Ab diesem Tag mussten Sie warten und durften die Eltern „einen Kaffee lang" nicht stören!

In einem anderen Fall beschrieben Herr und Frau Kanter folgende Herausforderung: Beide hatten festgestellt, dass sie den anderen nicht mehr richtig „sahen", manchmal sogar eine andere Sprache sprachen. Kurz: Der Eine verstand den Anderen nicht mehr.
Hier wurde deutlich, dass beide Eltern wieder den gleichen Sender einstellen wollten. Das gelang ihnen nach einigen Überlegungen mit viel Würdigung dessen, was das Paar vor und auch mit den Kindern Positives erlebt und geschafft hatte. Hinzu kamen einzelne Aufmerksamkeiten für den Partner, die sehr gut in den Tagesablauf passten: Die Stärken des anderen benennen, dem anderen etwas Leckeres mitbringen, auf Berührungen achten, Anerkennung aussprechen. Das fühlte sich, so sagten sie manchmal wirklich komisch und fremd an. Jedoch tat es einfach gut, auch wieder als Individuum gesehen zu werden. So fanden die Eltern auch als Paar wieder zusammen.

Wieder ein anderes Paar stellte fest, sich gefühlt zur Versorgungseinheit zu reduzieren: Wer kauft wann was ein, wer fährt die Kinder wann wohin usw. Ihre Gespräche drehten sich fast ausschließlich um die Familienorganisation, zumal beide berufstätig waren.

Beide Elternteile beschlossen in einem ausführlichen Gespräch über ihre Wünsche und Bedürfnisse, einen Abend in der Woche für sich zu reservieren, einen Babysitter zu engagieren und das Haus zu verlassen: Kino, Theater, Essen gehen – was auch immer. Es war Zeit für die Eltern als Paar.

Das sind einige Mut machende Beispiele. Doch eines ist zu Beginn oft schwer: sich wieder aufeinander einzulassen. Manchmal ist man sich in der Kinderzeit ein wenig fremd geworden.

Das Spielen: Wenn Körper, Geist und Seele reifen

Eines Tages habe ich die Kinder meiner Schulklasse gefragt, was sie eigentlich am liebsten machen und bei welcher Tätigkeit sie sich am wohlsten fühlen. Die am meisten genannte Antwort war: beim Spielen. Sie möchten, wann immer möglich, mit Freunden oder allein spielen, draußen oder im Haus – natürlich auch gern elektronische Spiele. Auf diese Spiele – die eigentlich Wettbewerbe sind – komme ich im Kapitel Medien noch genauer zu sprechen. In diesem Abschnitt geht es mir um das Spielen ohne Elektronik.

Wenn ich mich mit Eltern unterhalte, wann oder wie ihre Kinder spielen, erzählen sie, dass ihre Kinder oftmals wenig Zeit zum Spielen haben, da die Nachmittage mit Terminen gefüllt sind. Und wenn die Kinder Zeit haben, dann wollen sie am liebsten ans Tablett o.ä.. Darüber hinaus, so sagen sie, langweilen sich ihre Kinder in den oftmals gut gefüllten Kinderzimmern.

Kinder im Alter bis zu acht/neun Jahren gehören für mich immer noch viel in die Natur. Im Garten, auf der Wiese und im Wald gibt es viele Spielanregungen. Die Kinder können laut sein, sich schmutzig machen können, matschen, springen, klettern und vieles mehr. Mit dem Gang in die Natur ist außerdem der Ausgleich zum anstrengenden Krippen-, Kindergarten-, Schulalltag geschaffen: ausreichend Platz, Ruhe und Zeit für sich und die eigenen Spielideen. Die konstruierten, pädagogisch wertvollen Spielplätze können da oft nicht mithalten und auch die angeleiteten Spielkreise stehen in meinen Augen dahinter zurück.

In der Winterzeit und bei schlechtem Wetter verlagern sich die Spiele natürlich eher ins Haus. Hier wird der Umzugskarton zum Raumschiff, eine Bude aus Decken gebaut, Wolle zu Pferdeleinen verbastelt, das Wohnzimmer zum Hindernisparcours, eine Zirkusvorführung geplant und durchgeführt usw.

Vielleicht denken Sie jetzt: Das war gestern, heute ist alles anders.

Das stimmt und stimmt auch nicht.

Es stimmt, weil wir alle mehr Termine haben und somit insgesamt oft weniger Zeit zum Spielen übrigbleibt. Hinzu kommt, dass die Verlockungen, seine Zeit mit den elektronischen Geräten zu verbringen, sehr groß sind.

Und es stimmt nicht, weil ich viele Spiele, die ich oben beschrieben habe, bei den Kindern beobachte, die am Nachmittag Zeit haben und deren Eltern die Nutzungsmöglichkeiten für X-Box, Playstation und Co. stark einschränken.

Doch warum soll überhaupt gespielt werden?

Während des Spiels entwickeln sich unsere Kinder nicht nur körperlich (Fein-und Grobmotorik), sondern auch geistig (Logik, Phantasie) und seelisch (Reife):

Das Kind trainiert beim beim Klettern auf einen Baum die Koordination (Grobmotorik), seine Muskelkraft (Kondition) und entwickelt Strategien für die Auf- und Abstieg (Koordination/Planung/Mut). Beim Bau des kniffligen Legohauses wird es aufgefordert, sich in mühevoller Kleinarbeit an Anweisungen zu halten, durchzuhalten, auch wenn es schwierig wird und/oder um Hilfe zu bitten (Feinmotorik/Koordination/Lernen). Unzählige Beispiele lassen sich hier anfügen.

Der Geist (das Denken) hat beim Spielen Zeit, die Erlebnisse des Tages oder das Gelernte zu verarbeiten. Die Seele kann sich entspannen und Kraft tanken, indem wenig neue Reize auf sie einwirken und das Tempo selbst bestimmt werden kann. In der Freizeit können sich die Kinder die Zeit lassen, die sie brauchen. Gespräche zwischen spielenden Kindern untereinander und mit den Eltern zum gemeinsam Erlebten bilden wichtige Anregungen für die Sprachentwicklung und das Sprachverständnis bei unseren Kindern – die Grundlage nicht nur für den Schulerfolg!

Mir selbst fiel es unheimlich schwer, mit unserer Tochter zu spielen. Ich mochte nicht auf dem Boden sitzen, konnte mich nicht in die Spielwelt meiner Tochter hineindenken und eigene Spielideen kamen mir kaum in den Sinn. Wenn dann zudem noch so schlechtes Wetter war, dass wir nicht nach draußen konnten, habe ich folgendes versucht:

- *ich machte ihr Vorschläge für Spielanlässe und blieb bei meinen Aufgaben*
- *manchmal spielten wir gemeinsam und ich stellte uns eine Zeitspanne ein, sodass ich zu gegebener Zeit wieder zu meinen Aufgaben zurückkehren konnte*
- *manchmal bügelte oder legte ich die Wäsche bei ihr im Zimmer zusammen und sie spielte (ich kenne viele Folgen von Bibi und Tina)*
- *manchmal bat ich sie, sich einfach mal in ihr Zimmer zu setzen und sich umzuschauen: Dann fand sie oft etwas!*
- *oder wir unternahmen etwas*

Unsere Tochter spielte in jungen Jahren nicht gern allein in ihrem Zimmer. So wurde unser Wohnzimmer zu ganzen Spiellandschaften. Das ist nicht für alle Eltern in Ordnung. Mir war es wichtig, dass Maria spielt – wo war mir egal. Abends wurde von uns alles wieder aufgeräumt. Das haben wir immer gemeinsam gemacht.

Ich kenne die Anforderungen der Zeit. Die Meinung herrscht vor, dass die Kinder gefördert und gefordert werden sollen (siehe Kapitel „Wir versäumen nichts, wenn unser Kind etwas verpasst"). In meinen Augen ist das jedoch falsch. Kinder, die kaum Gelegenheiten zum Spielen ohne Elektronik haben oder hatten, sind häufig sprach- und/ oder verhaltensauffällig.

Langeweile: Sehr gut!

„Mama, mir ist soooo langweilig!" Mit langem Gesicht kommt unsere Tochter um die Ecke. Sie hat sich für heute nicht verabredet. Jedes Mal sage ich ihr: „Prima, das ist das Beste, was dir passieren kann!" Sie hasst diesen Satz!
Langeweile ist in der heutigen Kindheit ein Fremdwort. Bei vielen Kindern sind die Nachmittage entweder mit dem Besuch der Kita oder der Ganztagsschule oder mit

Nachmittagsveranstaltungen wie etwa dem Sportverein, mit Therapiesitzungen oder Terminen der Eltern usw. gefüllt. Freie Zeiten entstehen kaum und Langeweile kommt dadurch nur noch selten auf.

Ich halte Langeweile für einen erstrebenswerten Zustand, der, wie ich finde, zunächst nicht leicht auszuhalten ist. Bei der Langeweile entsteht ein Gefühl der Leere und manchmal auch der Traurigkeit. Es ist so ungewöhnlich nichts zu tun, einfach nur da zu sitzen und zu sein. Die Leere ist für fast jeden schwer auszuhalten.

Wenn man sie jedoch aushält, entwickelt sich nach kurzer Zeit eine besondere Dynamik: Die Leere füllt sich mit Ideen oder Erkenntnissen, Wünschen oder Bildern, die aus unserem Inneren heraus aufsteigen. Auch Ängste oder Sorgen können sich zeigen. Alles in allem weiß man nicht genau, was einen erwartet, wenn man die Leere zulässt, die durch Langeweile entstehen kann.

Ich habe mit vielen Kindern den Versuch gemacht, die Aussage „mir ist langweilig" als etwas positives zu begrüßen. Ich habe ihnen keine Vorschläge zur Änderung dieses Zustandes gemacht, sondern sie darauf hingewiesen, dass das etwas Gutes ist.

Immer wurde ich verständnislos angeschaut. Jedoch habe ich oft beobachtet, dass sich die Kinder nach dieser Feststellung etwas gesucht haben, zu dem sie Lust hatten. Das ist doch etwas Positives!

Medien: Ja. Aber ...

Unsere Tochter entdeckte mit zweieinhalb Jahren den Fernseher für sich. Wann immer sich eine Gelegenheit bot, schielte sie zuhause, bei Verwandten oder Freunden zu dieser Kiste, die Bilder aus einer Welt zeigte, die sie nicht kannte. Als gute Pädagogin verbot ich das natürlich strengstens. Maria war aber so fasziniert, dass sie von nun an quengelte, fernsehen zu wollen wie alle anderen auch. In meiner Verzweiflung schaute ich mich nach geeignetem Bildmaterial um und fand Uhlenbusch! Kennen Sie die Geschichten von Onkel Heini und seinen kleinen Freunden? In diesen Geschichten passiert fast nichts aufregendes-herrlich!. Maria hat die gleichen Serien immer und immer wieder mit uns zusammen geschaut und sie sind ihr ungefähr eineinhalb Jahre nicht langweilig geworden.

Wir hangelten uns dann weiter zu die Kinder von „Bullerbü" oder „Ferien auf Saltkrokan" – die Folgen haben wir so oft angeschaut, dass wir den Text mitsprechen konnten – Später kam „Die Sendung mit der Maus" hinzu. So retteten wir uns bis hin zu „Willi will's wissen", „Wissen macht Ah" oder „Dein Song" usw. Bis heute schaut sich unsere Tochter auch gerne die Zoogeschichten an, die zu unterschiedlichen Zeiten auf verschiedenen Programmen laufen. Hier geschieht nichts wirklich Spannendes und lehrreich ist es allemal. Nur in Ausnahmefällen landeten und landen wir bei den Zeichentrickserien.

Ich halte die meisten Zeichentrickserien für bedenklich. Fast alle diese Sendungen erzeugen Spannungen bei denen die Kinder tatenlos zusehen müssen, ob und wie sich alles wieder auflöst. Es entsteht nicht selten Angst, die durch Bilder und Musik erzeugt wird. Da die Kinder nicht eingreifen können, müssen sie akzeptieren, ob und wie das Problem gelöst wird. Resignation, Erschöpfung und ein Desinteresse ist dann oft nicht nur vor dem Fernseher die Folge.

Die Seele und der Geist unserer Kinder sieht alles ungebremst und ungefiltert. Die Bilder, die sich dort verankern, bleiben meines Erachtens oft lange und können zu Störungen führen- etwa zu Ängsten, Schlafstörungen, Gleichgültigkeit usw.

Ähnliches gilt für das Radio. Viele Erwachsene haben beiläufig den ganzen Tag das Radio an. Haben Sie mal darauf geachtet, wie viele Schreckensmeldungen (Unfälle, Tod, Katastrophen) in nur einer Stunde gemeldet werden? Während Sie vieles ausblenden, hört Ihr Kind lange Zeit genau hin. Es erfährt so von Dingen, die es nicht versteht und/oder die ihm Angst machen. Die oft beobachtete Folge ist : Unsere Kinder schalten ab und/oder hören nicht mehr zu.

Ich bin sicher, dass Ihnen eine Alternative zum Radiogedudle einfällt, wenn Sie mit Ihren Kindern zusammen sind (Lieblingsmusik der Eltern oder der Kinder auf einem Speichermedium, Hörspiele, Kinderhörfunk). Und wenn Sie und Ihre Kinder ein Fan der aktuellen Popmusik sind, dann können Sie das Radio so lange ausschalten oder umschalten, wie Werbung und Nachrichten gesendet werden! So machen wir es bis heute und Maria ist über zehn. Auch wenn sie allein in ihrem Zimmer Radio hört, hält sie sich an diese Regel. Wenn nicht – ist der CD-Player weg.

Eltern haben in meinen Augen die Pflicht, ihre Kinder bei ihrem Weg in die Medienwelt zu unterstützen. Die meisten von uns sind ja ebenfalls Nutzer von Smartphone, Internet und Co.. Kinder haben noch keinen Überblick über das richtige Maß an Zeit und Inhalt. Das ist unsere Aufgabe als Eltern. Die Zeit und die Themen an diesen Geräten müssen von uns Eltern begrenzt werden und alle Geräte müssen meines Erachtens abends aus dem Zimmer gebracht werden, sodass keine unkontrollierte Nutzung möglich ist. Vorbild zu sein ist hier in meinen Augen sehr wichtig.

Mittagspause: Der kleine Urlaub

Die Tage der meisten Familien sind heutzutage prall gefüllt. Von morgens bis abends reiht sich ein Termin an den Nächsten, sodass alle abends oft völlig erschöpft in ihren Betten landen. Hier Erholungsphasen zu schaffen ist sehr schwierig und sehr wichtig.

Jedem Arbeitnehmer steht diese Zeit zu, warum also nicht auch Familien.

Ich bin sehr für eine Mittagspause!

Bei uns hat diese Mittagspause mit ein paar Minuten angefangen und ist bis heute bis zu einer Stunde lang geworden, wenn es der Zeitplan zulässt. In dieser Zeit darf die Seele baumeln: Musik oder Hörspiele gehört werden, ein viertel Stündchen geschlafen werden, gemalt, gebastelt, gespielt werden (keine elektronischen Spiele!). Es ist die Zeit, um die Eindrücke des Tages zu verarbeiten, sich auszuruhen und so neue Kraft zu schöpfen.

Viele Familien haben keine Gelegenheit, eine Mittagspause zu machen, weil sie mittags nicht zuhause sind. Viele Eltern und Kinder kommen zwischen 16.00 Uhr und 17.00 Uhr nach Hause. Aber auch dann ist es in meinen Augen sehr wichtig, eine Pause einzulegen, nennen wir sie Nachmittagspause. Alle sind erschöpft von den Aufgaben und Eindrücken des Tages und brauchen dringend eine Auszeit. Die Pause sollte mindestens 20 Minuten lang sein.

Jeder geht bei der Mittags- und/oder Nachmittagspause – wenn möglich – in seinen Raum und auf Zeichen treffen sich alle wieder und besprechen den Rest des

Tages. Dieses Ritual hilft allen, die langen Tage besser zu bewältigen.

Die Mittags- oder Nachmittagspause wird bei uns bis heute durch einen Süßigkeitenteller eingeleitet. Auf diesem Teller sind eine Hand voll Süßigkeiten und/oder auch mal etwas Salziges wie Nüsse oder Brezeln. Diesen Tipp habe ich von einer befreundeten Familie. Welch ein genialer Gedanke: das Thema mit den Süßigkeiten war geregelt und darüber hinaus freuen sich alle auf die Mittags-/Nachmittagspause. Ich bekomme natürlich auch einen!

Tipp:

In der Mittagspause können Sie sich jetzt auch etwas Zeit für sich nehmen – und dabei meine ich nicht Zeit zum Abwaschen oder E-Mails lesen. „Spielen" Sie auch : Lesen Sie ihr Buch, quatschen Sie ungestört mit einer Freundin/einem Freund, schlafen Sie eine kleine Runde, puzzeln oder handarbeiten Sie. Zeit für sich zu haben ist etwas Wunderbares, wenn sie auch noch so kurz ist.

Krank sein ist wichtig!

Bei uns startete das „Ausprobieren" vieler Krankheiten im Kindergarten: Maria nahm alle Krankheiten mit, die dort im Angebot waren: Husten, Schnupfen, jede Magen-Darm-Erkrankung, Windpocken, Diphtherie (obwohl dagegen geimpft) und mehrere Formen von Scharlach .

Da mein Immunsystem durch die Schule gut trainiert ist, habe ich nicht alle Krankheiten mitgemacht, aber vieles davon haben mein Mann und ich auch getestet.

Der Alltag sieht dann oft folgendermaßen aus:

Einer von beiden Elternteilen bleibt mit dem Kind zuhause und kümmert sich um Krankenpflege, Arztbesuche, Wäschewechsel usw. Die durchwachten Nächte gibt es gratis dazu. Das ist oft eine echte Herausforderung und keineswegs Urlaub, wie einige Arbeitgeber vielleicht meinen.

Viele Eltern in meiner Schulklasse berichten mir von großen Problemen mit ihrem Arbeitgeber, wenn ihr Kind mehrmals oder längere Zeit krank ist. Manche können erst nach Dienstschluss ihr krankes Kind aus der Schule holen, da der Arbeitgeber gerade bei geringfügig Beschäftigten zum Teil wenig Verständnis für das Fehlen seines Arbeitnehmers hat. Androhungen von Kündigung ist gerade bei geringfügig Beschäftigten keine Seltenheit. Aber auch Eltern in festen Anstellungen haben Probleme, wenn die Kinder häufiger krank sind, als Versorgungstage zur Verfügung stehen. Die Folge ist in beiden Fällen, dass immer mehr Kinder krank in die Einrichtungen Kita und Schule geschickt werden.

Noah hatte schon morgens über Bauchweh und Übelkeit geklagt und Frau K. hat ihn aus Angst um ihre Arbeitsstelle dennoch in die Schule geschickt. Als wir bei der Mutter anriefen, hatte er sich in der zweiten Stunde mehrmals im hohen Bogen übergeben. Frau K. holte ihr Kind trotz der Androhung des Arbeitsplatzverlustes aus der Schule ab. Sie verlor ihren Arbeitsplatz übrigens nicht.

Nicht nur das Kind leidet, wenn die Eltern aus den oben genannten Gründen nicht kommen können. Auch die Erzieher/ Lehrer/ Nachmittagsteams stellt es vor echte Herausforderungen: Versorgung des kranken Kindes – manchmal nicht nur einem, Gewährleistung der Aufsichtspflicht, Ansteckungsgefahr für sich und andere, keine Erlaubnis, Medikamente zu geben usw.

Mit jeder Krankheit trainiert unser Immunsystem seine Abwehrmechanismen. Um mit den Erregern fertig zu werden, braucht es Zeit und Fürsorge: Tee trinken, Wadenwickel, Wärme, Entspannung, Schlafen, Medikamente, Homöopathie etc.

All das kann es nur zuhause bekommen, von Familien-
angehörigen. Das kann und darf weder die Krippe, noch
die Kita, noch die Schule leisten! Die meisten Eltern
sehen das auch so, haben aber von Seiten des Arbeitge-
bers nicht immer grünes Licht!

Routenplan Kita/Schule

Kindertagesstätten: Wann und welche?

Mit Ursula von der Leyen begann die Zeit der Krippen. Sie wollte allen Müttern ermöglichen, schon bald nach der Geburt des Kindes wieder arbeiten zu gehen. So wurden Krippen gebaut und schon die Kleinsten werden seitdem morgens in die Kita gebracht. Diese Idee fand ich von Anfang an erschreckend! Gerade erst auf dieser Welt und aus Mamas Bauch geschlüpft, werden die Kleinsten zu Fremden gebracht, mit denen sie zum Teil den ganzen Tag verbringen: Essen, Trinken, Schlafen, Lachen, Streiten – all das erleben diese Kinder nicht mit Mutter und Vater. Diese befinden sich bei der Arbeit. Weil sie müssen oder wollen.

Es geht mir nicht darum, die Krippen schlecht zu reden. Hier wird bei oft schlechter Personallage und Bezahlung alles für die Kleinsten getan. Aber die Kleinsten gehören für mich in den ersten Jahren zu den Eltern – wenn irgend möglich!

Mit drei Jahren kommen die Kinder in den Kindergarten. Als wir mit unserer Tochter einen geeigneten Kindergarten suchten, erlebten wir bemerkenswerte Institutionen. Die Einen wollten gleich im ersten Jahr mit unserem Kind und seiner zukünftigen Gruppe eine Fahrt mit drei

Übernachtungen unternehmen! Andere stellten uns vor, welche Bildungsangebote sie anbieten: Zahlenland, Mathebrücke, Englisch, Sprachförderung …

Andere Einrichtungen hatten offene Gruppen. In diesen Kindertagesstätten spielen die Kinder nicht in einer festen Gruppe, sondern können sich frei im Kindergarten bewegen und können Spielmöglichkeiten und -partner frei wählen.

In wiederum anderen Einrichtungen essen die Kinder, wenn sie Hunger haben – jeder nach seinem Bedürfnis. So erlebe ich es heute, wenn ich als Lehrerin für Sprachfrühförderung in einige Kindergärten komme: einzelne Kinder sitzen am Tisch und frühstücken, während andere spielen oder anderes tun. Mit Gemeinschaft hat das in meinen Augen nichts zu tun. Jedes Kind befriedigt sein Bedürfnis zu dem Zeitpunkt, an dem es dieses hat. Die Zugehörigkeit zu einer Gruppe, deren Menschen ich mit ihren Vorlieben und Schwierigkeiten gut kenne, Rücksicht und Gespräche haben kaum noch Bedeutung. Me first!

Es gab sogar eine Kita, die stolz darauf war eine Betreuung bis 21.30 Uhr anzubieten, da die Eltern im Schichtdienst bis 21.00 Uhr arbeiten müssen!

Wir haben einen Kindergarten gefunden, der jeden Tag die gleichen Abläufe hatte: gemeinsamer Morgenkreis mit Geschichten, Fingerspielen, Zeit für Gespräche, danach Spielzeit im Gruppenraum und draußen, gemeinsame Aufräumzeiten usw. Das Frühstück wurde im Kindergarten von den Erziehern für die eigene Gruppe gekocht und es gab Tischdienste und Helferleins beim Kochen. Jeder Erwachsene und jedes Kind war im Verlauf des Jahres für die Zubereitung des Frühstücks zuständig. Gegessen wurde gemeinsam, mit Tischspruch. Wenn Kinder etwas nicht mochten, bekamen sie einen Probierhaps und dann eine andere Kleinigkeit. Es wurde Wert auf die Gemeinschaft gelegt. Viele dieser Kinder kenne ich noch heute und allen ist bis heute die Gemeinschaft wichtig (obwohl mitten in der Pubertät) und sie stehen für einander ein.

Tipp:

Finden Sie einen Kindergarten, der zu Ihrem Erziehungsstil und zu den Werten Ihrer Familie passt. Ihr Kind wird für viele (wichtige) Jahre teil der von Ihnen ausgewählten Institution sein und deren Werte unweigerlich übernehmen. Ich finde, dass man den 'Geist' einer Einrichtung schnell wahrnehmen kann.

Nach meinen Beobachtungen legen die Kindertagesstätten zurzeit viel Augenmerk auf die kognitive Entwicklung: Lernen, lernen, lernen – auch auf Wunsch der Eltern! Doch wo bleibt die Zeit zum Spielen, zum Matschen, Sich-dreckig-machen, für

Rollenspiele, Abenteuer? Die Folge ist nicht selten, dass die Kinder spielen wollen, wenn sie in die Schule kommen.

Und noch ein Hinweis: Bringen Sie sich bei der Kita Ihres Kindes ein. Gestalten Sie mit, übernehmen Sie Ämter, fragen Sie nach, wie Sie helfen können. All das wirkt sich positiv auf alle kleinen und großen Menschen der Einrichtung aus.

Schule so früh wie möglich? Nein!

Im Alter von fünf oder sechs Jahren werden unsere Kinder schulpflichtig. Durch den weiter nach hinten gesetzten Stichtag werden die Kinder immer jünger, die in der Schule ankommen. Immer mehr Fünfjährige werden eingeschult, da Politik und Wirtschaft der Meinung sind, dass die intellektuellen Fähigkeiten der Kinder im Kindergarten zu lange brach liegen.

Einige Monate vor der Einschulung erfolgt die Untersuchung beim Gesundheitsamt. Es werden vonseiten der Gesundheitsämter in unserer Gegend zunehmend Bedenken über die Schulreife ausgesprochen, da die untersuchten Kinder die Tests oft nur unzureichend bestehen. „Einschulung unter Beachtung von schulrelevanten Auffälligkeiten empfohlen." steht immer häufiger auf dem Bogen, den die Schule zur Einsicht bekommt. Das bedeutet, dass die Kinder in einem oder mehreren Bereichen die Schulreife nicht erlangt haben. Kognitiv sind diese Kinder oft schulreif, aber die körperliche, seelische und emotionale Reife fehlt (bei uns sind das zur Zeit ca. ein Drittel aller untersuchten Kinder!). So steht auf diesen Bögen häufig: unkonzentriert, im Verhalten auffällig, ängstlich, spricht nicht mit Fremden usw. und: Therapie empfohlen. In der Folge kommen Kinder in die Schule, die noch gar nicht richtig bereit sind zum Lernen. Das ist für die Lehrer und die Kinder eine große Herausforderung (siehe hierzu auch das Kapitel Bindung und Bildung).

Im ersten Schuljahr eines Durchgangs erlebten meine Kollegin und ich etwas für uns bis dahin Besonderes. Viele Schüler nahmen uns nicht als Lehrperson wahr. Sie verbrachten die Unterrichtszeit damit, ihre Befindlichkeiten zu äußern: „Ich habe Hunger/Durst", „Ich muss auf die Toilette", „Wann ist Pause?", „Ich habe keine Lust zu arbeiten, darf ich spielen?" usw. Einige Wochen lang schauten wir uns dieses Verhalten an und fragten uns, was sich verändert hatte zu den Jahrgängen zuvor?
Die Schülerinnen und Schüler hatten zwar das Alter der Schulpflicht erreicht, aber nicht die innere Reife, den Anforderungen des Schulalltags gerecht zu werden.

Es geht mir bei dieser Behauptung nicht um Lerninhalte (Kann mein Kind schon lesen, schreiben oder rechnen?). Es geht um die Grundvoraussetzungen, die zum Lernen benötigt werden: eigene Bedürfnisse (Essen, Trinken, Müdigkeit, Unlust, Spielen) zurückstellen, den Lehrer als Lehrperson wahrnehmen, „jetzt" Anweisungen befolgen, Regeln einhalten, Ausdauer, einen Schultag durchhalten zu können uvm.

Doch was kann man als Eltern tun?
Meine Erfahrung als Lehrerin hat gezeigt: Schulen Sie Ihr Kind so spät wie möglich ein! Vor allem die Jungen brauchen in den meisten Fällen ganz dringend mehr Zeit für ihre (emotionale und motorische) Entwicklung.
In Niedersachsen können die Eltern, deren Kinder zwischen dem 1. Juli und 30. September geboren sind, neuerdings frei wählen, ob sie ihr Kind im Jahr des Sechs-Jahre-alt-Werdens einschulen oder ein Jahr später. Warten Sie unbedingt mit der Einschulung. Die unbeschwerte Kindheit kommt nicht wieder!
Schulreife – und damit der Schulerfolg – hängt nicht davon ab, ob ihr Kind schon rechnen, schreiben oder lesen kann. Wichtig ist, ob Sie Ihrem Kind zutrauen, dass es in einer Schulklasse:
- motiviert, konzentriert und engagiert mit vielen unterschiedlichen Menschen lernen kann

- seinen Platz in einer großen Menschenmenge finden kann, in der es um Freundschaften, Streit, Konkurrenz und Regeln geht
-seelisch, geistig und körperlich weitestgehend gesund ist

Wer hierzu weitere Informationen und Unterstützung für seine Entscheidungen haben möchte, ob das eigene Kind in die Schule gehört oder noch – wenn möglich – gewartet werden sollte, dem empfehle ich die Leitlinien der Waldorfpädagogik (siehe Literaturhinweise).

Neulich kam Miriam auf mich zu. Ihr Geburtstag liegt Ende September und sie war fünf, als sie in die erste Klasse kam. Sie sagte zu mir, dass sie sich ein halbes Jahr Sommerferien wünsche und ich wusste genau, was sie damit meinte: Sie hatte im zurückliegenden Schuljahr alles gegeben und war so erschöpft, dass ich nicht selten Sorge hatte, dass sie Unterricht einschläft. Sie hatte die Lernziele der ersten Klasse mit viel Unterstützung durch die Lehrenden und die Eltern gerade so geschafft. Ich bin mir sicher, dass Miriam es leichter gehabt hätte, wenn sie ein Jahr später in die Schule gekommen wäre. Aber diese Wahl hatten die Eltern zu diesem Zeitpunkt nicht. Die Wiederholung der 1.Klasse steht bei Miriam im Raum (übrigens nicht selten bei Kindern, die mit fünf eingeschult werden).

Tipp
Mein Hinweis aus Lehrersicht.
Schulen Sie Ihr Kind so spät wie möglich ein. Die unbeschwerte Zeit der frühen Kindheit kehrt nicht wieder zurück. Ihr Kind verpasst nichts, wenn es länger im Kindergarten bleibt. Im Gegenteil: Nutzen Sie die Zeit, um den Körper und Seele reifen zu lassen. Viel freie Bewegung in der Natur ist hier mit Abstand der beste Trainer für Körper und Kopf!

Die richtige Schule gibt es nicht

Das Thema der Schulwahl beschäftigt viele Eltern. Die freie Wahl der Schule ist manchmal möglich, manchmal nicht. Hier eine keine Übersicht:

1) Die erste Möglichkeit der Beschulung ist die Wohnbereichsschule: die zuständige Schule ist durch die Zuordnung zu einem Wohnbezirk festgelegt. Hier können Ausnahmen beantragt werden, die aber nicht bewilligt werden müssen.

2) In manchen Städten und Gemeinden ist eine freie Schulwahl durch Aufhebung der Wohnbereichszuord-

nung möglich: Hier werden die freien Plätze nach Eingang der Anmeldung oder durch Losverfahren vergeben.

3) Die dritte Möglichkeit ist Entscheidung für eine Privatschule. Die besonderen Bedingungen (Fahrzeiten, Finanzen, Freundschaften in der Wohnumgebung) gilt es in Beziehung zu den Besonderheiten der Privatschulen (Pädagogik, Angebote, Elterneinsatz) zu stellen. Auch hier gelten verschiedene Auswahlverfahren, die von Schule zu Schule verschieden sind.

Im Vorfeld machen sich viele Eltern Gedanken über die richtige Schule für ihr Kind.

Welchen Ruf hat welche Schule? Was erzählen Eltern, deren Kind/Kinder auf der Schule sind oder waren? Welche pädagogischen Schwerpunkte hat sich die Schule gesetzt? Wie gut ist sie zu erreichen? Gibt es ein Nachmittagsangebot?

Die Entscheidung fällt aus der Entfernung manchmal schwer und die Internetseiten der Schulen gewähren meiner Erfahrung nach oft nur einen unzureichenden Eindruck vom Schulleben. Daher mein Rat: Gehen Sie mit Ihrem Kind in die infrage kommenden Schulen und schauen Sie sich dort um. Wie kommen Ihnen die Menschen entgegen, die sich in der Schule aufhalten? Wie gehen die Kinder miteinander um? Welche Bilder hängen an den Wänden, was ist ausgestellt?

Als Lehrerin und Mutter kann ich eines mit Sicherheit sagen: Ihr Kind kann an der Schule mit einem schlechten Ruf die Lehrerin (den Lehrer) bekommen, die für Ihr Kind genau die Richtige ist und an der Schule mit dem besten Ruf die Lehrerin (den Lehrer), mit dem Ihr Kind nicht zurechtkommt. Ob die Schule einen guten Ruf hat, ist dann nicht mehr wichtig.

Nach vier oder sechs Jahren Grundschulzeit trennen sich oftmals die Wege der Kinder. Die Weichen für den zukünftigen Bildungsweg werden gestellt: Hauptschule, Realschule, Oberschule, Gesamtschule oder Gymnasium. Die Grundschulen geben Empfehlungen oder führen Beratungsgespräche zu diesem Thema.

Natürlich ist es der Wunsch vieler Eltern, dass ihr Kind das Gymnasium besucht. Daher erleben die Gymnasien unserer Region einen wahren Boom.

Aber nicht jedes Kind ist ein Gymnasiast und es verlässt die Grundschule als zukünftiger Real- oder Hauptschüler. Immer wieder bekomme ich mit, dass sich Eltern über die Empfehlung der Schule hinwegsetzen und ich kann sie gut verstehen. Jeder von uns möchte das Beste für sein Kind und dazu gehört ein guter Schulabschluss. Manchen Eltern sind aber die Anforderungen nicht bekannt, die eine Schullaufbahn (z.B. das Gymnasium) beinhaltet. Manchmal sind Eltern diesen Weg selbst nicht gegangen, wünschen ihn sich aber für ihr Kind.

Diese Kinder haben es meistens sehr schwer, da das Schulleben für sie meist ein großer Kampf mit vielen Strapazen (viel lernen, Nachhilfe) bedeutet, der nicht selten mit einem Scheitern verbunden ist.

Neulich begegnete mir ein ehemaliger Schüler. Als er mich sah, nahm er mich in den Arm und weinte. Ich ahnte, dass ihm das fünfte Schuljahr nicht leicht gefallen war, aber ich wusste bis dahin nicht, dass er es nicht geschafft hatte. Es tat mir so Leid für diesem Jungen, da ich wusste, dass er auch schon in der Grundschulzeit sehr fleißig versucht hatte, den Unterrichtsstoff zu bewältigen. Die Eltern hatten für ihn die Realschulschule ausgesucht, was ihn leider überforderte. Er war ein Hauptschüler. Mir tut es unendlich Leid für die Eltern und das Kind.

Tipp:
Haben Sie den Mut, Ihr Kind auf die empfohlene Schulform zu geben. Die Lehrer Ihres Kindes kennen Ihr Kind *als Schüler* wie niemand anderer. Darüber hinaus sind ihnen die Anforderungen der Schularten vertraut. Als Eltern können Sie sich im Vorfeld informieren, was die vorgeschlagene Schule alles anbietet (Berufsvorbereitung, Schüleraustausch etc.). Ich bin immer wieder erstaunt, wenn

sich die weiterführenden Schulen vorstellen, wie vielfältig auch die Angebote der Hauptschulen sind. Der Ruf einer Schule ist dabei nicht vorrangig (siehe meine Ausführungen oben).

Höhere Schulabschlüsse sind auch noch im Anschluss an den Haupt- oder Realschulabschluss zu erreichen. Ganz sicher. Positiv ist dabei, dass die dann bereits jugendliche Person vielleicht schon eine Idee von ihrem späteren Beruf hat und ihre Motivation höher ist, gute Abschlüsse zu erlangen.

Bindung und Bildung: Wie beides zusammenhängt

Ich bin seit 20 Jahren Grundschullehrerin. Bis ich zu einem festen Vertrag im Schuldienst gelangt bin, habe ich an verschiedenen Grundschulen, aber auch an Förderschulen mit den Schwerpunkten Lernen und Geistige Entwicklung gearbeitet. Nunmehr unterrichte ich seit über 15 Jahren an einer Grundschule, die mit einer Förderschule für körperliche und motorische Entwicklung kooperiert. An manchen Stationen meiner Reise durch die Schullandschaft war ich gern und habe meine Arbeitskraft für alle angemessen einsetzen können. An einigen Schulen (gerade im Förderschulbereich) war ich jedoch überfordert und bin krank geworden.

Der wichtigste Punkt auf dieser Reise war und ist bis heute für mich die Verbindung zu meinen Schülern. Es ist mir wichtig, wie es ihnen geht und was sie beschäftigt. Ich habe sie in meinem Herzen, solange sie meine Schüler sind und einige sogar darüber hinaus. Diese Herzensverbindung war gelegentlich schwierig für mich, denn manchmal verschwammen die Grenzen zwischen Professionalität und Zuwendung. Das war nicht immer förderlich für mich und in der einen oder anderen Verbindung zu einem Schüler oder einer Schülerin wurden meine Gefühle mächtig durchgeschüttelt (hierzu mehr in dem Kapitel Menschlichkeit und Unterricht).

Die große Hattie Studie (Hattie, Visible Learning, 2008) hat gezeigt, dass auch die Lehrerpersönlichkeit ausschlaggebend für den Lernerfolg beim Kind ist. Ohne Respekt und Wertschätzung, Fürsorge und Vertrauen könne Unterricht nicht gelingen, so Hattie. Nach meiner Erfahrung lernen die Schülerinnen und Schüler gerade in den ersten Schuljahren für die Eltern und/oder den Lehrer. Es ist den Kindern wichtig, dass ihre Leistungen gewürdigt werden und dass ihre Bezugspersonen Anteil an ihrem Lernprozess nehmen.

Manchmal passt das Lehrer-Schüler-Verhältnis nicht und es kommt zu vielen Missverständnissen oder gar

Streitigkeiten zwischen allen Beteiligten. Ich weiß, dass es viele Kollegen gibt, denen ein gutes Verhältnis zu ihren Schülerinnen und Schülern und deren Eltern wichtig ist und die oft viel Zeit und Energie dafür einsetzen. Ich weiß aber auch, dass es Kollegen gibt, die wenig respektvoll mit den Kindern umgehen, keine Lust mehr haben und das an den Schülern auslassen. Das ist nicht in Ordnung und für alle Beteiligten sehr unbefriedigend. Meistens kommt das meiner Erfahrung nach eher in höheren Klassenstufen vor, obwohl unsere Tochter Maria ihre aggressivste Lehrerin in den ersten Schuljahren hatte (trotz Privatschule und ausgewählter Pädagogik!). Resignation, Schulangst, Aggression gegen die Lehrpersonen und Unlust am Fach sind die Folgen. Diese Lehrer hatten wir fast alle und es gibt für unsere Kinder nur einen Weg, diese Zeiten zu überstehen: starke Eltern!

Das Interesse der Eltern am Lernprozess und eine wertschätzende, unterstützende Haltung der Eltern gegenüber ihren Kindern ist ebenfalls in der Hattie-Studie als enorm wichtig beschrieben worden. Gibt es Probleme mit Lehrern, sind Eltern wichtig, um den Lernprozess nicht zum Stillstand zu bringen und um dass Kind möglichst unbeschadet durch diese Erlebnisse zu bringen. Wägen Sie als Eltern ab, was in der Situation mit Lehrerin A oder Lehrer B zu tun ist:

1) Helfen Gespräche mit Ihrem Kind weiter, in dem Sie gemeinsam Strategien für den Umgang mit der Lehrper-

son entwickeln (das machen Maria und ich am liebsten und uns ergreift eine diebische Freude, wenn es funktioniert)

2) Wollen Sie oder Ihr Kind das Gespräch mit der Lehrperson suchen?

3) Sind Gespräche mit Vorgesetzten notwendig, da die Unterrichtssituation absolut unhaltbar ist und alles versucht wurde, um Veränderungen herbeizuführen?

Wenn Ihr Kind in einem oder vielleicht sogar mehreren Fächern auf Lehrpersonen getroffen ist, von denen es sich nicht verstanden fühlt oder der Kollege oder die Kollegin ihre Unlust nicht durch Professionalität ersetzen kann, halten Sie zu Ihrem Kind. Bleiben Sie erwachsen dabei und lassen Sie sich nicht zu Lästereien und Drohungen (Klagen) hinreißen. Hier gewinnt keiner. Lässt sich die Situation nicht nicht ertragen, bleibt am Ende nur der Schulwechsel.

Tipp:
In der Schulzeit lernen die Kinder lange Zeit für die Lehrerin/den Lehrer und für Mutter und Vater. Sie sind stolz und zufrieden, wenn sie von den Personen gelobt und ihre Leistungen gewürdigt werden, mit denen sie eine Verbindung eingegangen sind. Daher: Würdigen Sie die Leistungen Ihres Kindes! Schauen Sie mit ihm gemeinsam zum Bei-

spiel am Wochenende in die Hefte oder Mappen und erfahren Sie so vieles über den Leistungsstand Ihres Kindes und die Themen, die es in der Schule kennenlernt. Sprechen Sie mit Ihrem Kind darüber. Sprechen Sie auch an, wenn etwas nicht nach Ihren Vorstellungen gemacht wurde, ohne zu schimpfen und helfen Sie Ihrem Kind es zu verbessern, ohne Perfektion erlangen zu wollen! Es wird sich mehr anstrengen, wenn Sie Anteil an seinem Lernen nehmen. Sollte es Probleme mit Lehrerinnen oder Lehrerin in der Schule geben, versuchen Sie einen Weg zu finden, die Situation in den Griff zu bekommen. Denken Sie daran, dass Ihr Kind jeden Vormittag zwischen den Stühlen Schule-Elternhaus sitzt und mitunter sehr leidet. Gehen Sie klug vor!

Schule ist nicht nur Unterricht

Als ich Lehrerin wurde nahm ich an, dass ich mich zum größten Teil mit der Vermittlung von Wissen beschäftigen werde. Gelernt habe ich durchdachte Unterrichtsentwürfe, die Methoden und Lernziele beinhalten und die den Schüler oder die Schülerin dort abholen, wo er bzw. sie steht. Die Planungen hatten das Ziel, dem Kind ein umfangreiches Wissen zu ermöglichen und es für die weiterführenden Schulen vorzubereiten.

So weit die Theorie.

Wie immer sieht die Praxis ganz anders aus. Die Vermittlung von Lehrstoff ist nur ein Teil des Schulvormittags. Einen immer größer werdenden Anteil übernehmen die Klärungen der zwischenmenschlichen Probleme, die oft ein Viertel der Unterrichts beanspruchen. Viele Kinder kommen morgens mit Fragen in die Schule: „Bin ich heute im Ganztag?", „Wann werde ich abgeholt?" usw. Hinzu kommen die Streitigkeiten am Schulvormittag, Elternmitteilungen, Probleme im Ganztagsbetrieb, Vertretungssituationen usw.

In unserer Klasse versuchen wir die vielen Fragen der Kinder zu Beginn der Unterrichtszeit zu beantworten, damit unsere Schüler danach den Kopf zum Lernen frei haben. Wir haben oft den Eindruck, dass die Kinder es genießen, mit uns zu sprechen – dann sind aber oftmals schon zehn Minuten unserer Stunde vergangen.

Die folgenden Ausschnitte aus meinem Alltag sind nicht so außergewöhnlich, wie sie vielleicht erscheinen. Ich möchte auch keine Lanze für bemitleidenswerte Lehrer brechen. Zugegeben, die folgenden Einblicke in den Schulvormittag ereignen sich nicht an jedem Tag. Und doch sind sie bei weitem keine Ausnahme!

Elsa

Bei meiner morgendlichen Ankunft in der Klasse kommt

Elsa auf mich zu und bittet mich auf ihre geschwollene Lippe und ihren abgebrochenen Zahn zu schauen. Als ich mich erkundige, ob sie am Nachmittag gefallen sei, schüttelte sie den Kopf und haucht mir entgegen: „Das war Mama!" Ich habe genau so geguckt wie Sie jetzt!

Mit dem Schrecken im Gesicht und dem Bewusstsein, dass ich jetzt eigentlich mit meiner Klasse Nomen, Verben und Adjektive bearbeiten will, erkläre ich Elsa, dass ich mir später Zeit für Sie nehmen werde – allein.

Den Schock in den Gliedern wende ich mich unserer Klasse zu. In der nächsten kleinen Pause finde ich Gelegenheit, mit Elsa zu sprechen. Meine Kollegin beaufsichtigt die übrigen 24 Kinder. Elsa erzählt mir eine Geschichte, die mir im Gang unseres Flures die Tränen in die Augen schießen lassen.

Elsa hatte am Vortag den Geschirrspüler eingeräumt und vergessen, die Verpackung des Reinigungstabs abzumachen. Somit wurde das Geschirr nicht richtig sauber. Als Elsa am nächsten Tag aus der Schule kommt, geht ihre Mutter direkt auf sie los, schreit sie an und schlägt ihr mit der Faust ins Gesicht. Daraufhin blutet Elsa, ein Zahn bricht leicht ab und die Mutter sagt: „Ich hoffe, dass du bald stirbst!" Während dieser Beschreibungen weint Elsa und zittert am ganzen Körper.

Elsas Bericht und Zustand erschüttern mich so sehr, dass mir ebenfalls die Tränen über die Wangen laufen.

Ich bin nicht mehr in meiner Rolle als Lehrerin. Nach einiger Zeit finde ich meine Fassung wieder, Elsa beruhigt sich und mit der Versicherung meinerseits, dass ich versuchen werde ihr zu helfen, gehen wir beide in den Klassenraum zurück.

Nach vielen Gesprächen hat Elsa sich viele Monate später entschlossen, beim Vater zu wohnen, der mit einer neuen Frau eine neue Familie gegründet hat. Sie hat ein brillantes viertes Schuljahr hingelegt und wird nun die 5. Klasse eines Gymnasiums besuchen.

Paul

Paul hat im Laufe seiner Schulzeit eine beeindruckende Entwicklung hingelegt. Ausgehend von einer sehr schwierigen häuslichen Situation (Mutter alleinerziehend, Schwester geistig behindert) hat er sich von einem ständig störenden und aggressiven Kind in den ersten Grundschuljahren zu einem freundlichen und bemühten Schüler entwickelt. Wir hatten viel Freude mit ihm und seinem Humor.

Doch dann wurde Paul plötzlich wieder auffällig. Seine Aggressivität nahm zu, er ließ sich kaum auf Gespräche ein und war insgesamt wenig zugänglich. Gespräche mit der Mutter ergaben Hinweise auf Probleme. Ein außerschulisches Beratungsteam bemühte sich um Paul, aber alles brachte keine großen Veränderungen. Wochen später traf ich die Familie zufällig in der Stadt vor der

Polizeidienststelle. Eine Einzelfallhelferin gab mir ein Zeichen, meine Frage, ob etwas passiert sei, nicht weiter zu verfolgen. Sie ließ mich wissen, dass die Mutter sich bei mir melden werde. Am nächsten Tag berichtete uns die Mutter, dass die Polizei mit einem Durchsuchungsbefehl vor ihrer Haustür gestanden hätte. Der neue Freund der Mutter stand seit längerer Zeit unter polizeilicher Beobachtung, da er in großem Umfang Kinderpornografie besaß. Paul war, bevor er sich veränderte, für ein Wochenende allein mit diesem Freund ...

Bis zu seinem Weggang am Ende der vierten Klasse fand Paul langsam wieder zu seiner freundlichen Grundhaltung zurück.

Radir

Radir saß auf seinem Platz und weinte. Als wir ihn fragten, was los sei, berichtete er uns, dass er seine Mutter nicht mehr wiedersehen dürfe – sein Vater habe das verboten – und zeigte uns ein Bild seiner Mutter, das er mit in die Schule genommen hatte. Wissend um die schwierigen Lebensumstände Radirs und seine Schwierigkeiten, die Realität zu erfassen (Radir hatte einen Förderbedarf mit dem Schwerpunkt Geistige Entwicklung) beruhigten wir ihn erst einmal mit dem Hinweis, dass wir uns noch am Vormittag mit seiner Betreuungsperson vom Jugendamt in Verbindung setzen würden. In der Pause rief ich Herrn M. an, der zufällig in der Schule war, um ohnehin mit Radir zu sprechen. So stand also Herr M. kurze Zeit später vor der Klassentür und holte ihn aus dem Unterricht. Um über die Umstände ebenfalls informiert zu sein, ging eine Lehrperson mit vor die Tür. Radir erzählte, dass sein Vater seine Mutter an den Haaren gezogen und gegen die Wand gedrückt hatte und ihr Kontakte zu einem anderen Mann vorgeworfen hätte. Daher wolle der Vater sie nicht mehr sehen, sie solle ihre Sachen packen und die Kinder dürfe sie auch nicht mehr sehen. Mit diesen Erlebnissen wurde Radir in die Schule gebracht. Kurze Zeit später zog Radir mit seinem Vater in eine andere Stadt. Für uns endete hier der Kontakt. Neulich sah ich Radir mit seinen Geschwistern und seiner Mutter im Zug. Er hat mich nicht erkannt. Es hat mich irgendwie beruhigt, ihn im Kreise seiner Familie zu sehen.

Zugegeben: die oben beschriebenen Fälle sind drastisch, aber kommen in Schule doch immer häufiger vor. Viele Kinder beschäftigen private Probleme: die Trennung der Eltern, Geldsorgen in der Familie, neue Lebenspartner *(Carla, sieben Jahre: „Frau W. , ich habe wieder einen neuen Vater!").* Unsere Kinder bekommen vieles von dem mit, was uns Eltern bewegt – nicht zuletzt deshalb, weil über die neuen Medien vieles direkt ausgetauscht wird und nicht etwa bis zum Abend gewartet wird, um

Probleme zu besprechen. Selbst die Kleinsten bekommen die Schwingung, das Gefühl eines Gesprächs mit, auch wenn sie den Inhalt noch nicht verstehen. Mit der daraus entstehenden Angst müssen sie allein umgehen, denn benennen können sie ihre Ängste selten. Beim Heranwachsen zeigen sich dann manchmal diffuse Ängste, deren Entstehung oder Ursache nicht zurückverfolgt werden kann.

Tipp

In jeder Familie gibt es gelegentlich Probleme. Und natürlich muss das Leben mit all seinen Aufgaben weitergehen – auch für die Kinder. Ein Tagesablauf, der z.B. beim Frühstück, auf der Fahrt zur Schule, am Abend vorher besprochen wird, hilft den Kindern sehr, ihren Tag zu ordnen. Diese Ordnung gibt Sicherheit. Mit den Besprechungen kann man bereits beginnen, wenn die Kinder ein oder zwei Jahre alt sind. Sie verstehen bestimmt nicht alles, aber es wächst im Laufe der Jahre ein Vertrauen darüber, z.B. wo Mutter und Vater sind, während das Kind die Kita oder Schule besucht, wann es abgeholt wird (z.B. nach dem Nachmittagssnack), was am Abend gemeinsam gegessen

wird, welcher Termin heute wahrgenommen wird usw.. Die Kraft, mit den Ereignissen des Tages zu-

---

rechtzukommen wächst mit diesen Informationen. Die Resilienz, also die Fähigkeit, Probleme zu bewältigen zu können, erhält durch den Vorgang des Besprechens und der Strukturierung eines Tages große Unterstützung. Denn Rituale geben Halt.

Mit Lernschwächen umgehen: Lesen/Schreiben/Rechnen

In der Schule werden anhaltende Schwierigkeiten im Lesen/Schreiben oder im Rechnen in zwei Begriffen zum Ausdruck gebracht: Legasthenie (Lese-Rechtschreib-Schwäche) und Dyskalkulie (Rechenschwäche). Doch was genau sind Legasthenie und Dyskalkulie und woran kann man sie erkennen?

Legasthenie
Legasthenie beschreibt eine Schwäche im Lese- und/oder Rechtschreibprozess, der sich nicht durch vermehrtes Üben positiv beeinflussen lässt. Diese Schwäche hat sehr selten mit der allgemeinen Intelligenz eines Kindes zu tun- im Gegenteil: Diese Kinder stellen sich häufig als sehr intelligent heraus. (siehe R. Davis, Legasthenie als Talentsignal).
Das betroffene Kind kann z.B. Probleme haben, sich die

Buchstaben zu merken, erkennt sie nicht wieder oder schafft das Zusammenziehen der Buchstaben erst zu Silben und dann zu Wörtern (Synthese) nicht. Es gibt auch Kinder, die sich nicht merken können, was sie gelesen haben.

Beim Erarbeiten der Buchstaben und dem daraus folgenden Lesen lernen wird für das geschulte Auge sehr schnell deutlich, ob es sich um eine Schwäche handelt. Es gibt folgende Merkmale, die alle Beteiligten aufmerksam werden lassen sollten:

Kann sich die Schülerin oder der Schüler die Buchstaben trotz vieler Wiederholungen nicht merken? Gelingt es der Schülerin oder dem Schüler am Ende der ersten Klasse nicht, einzelne Buchstaben zu Silben und Wörtern zusammenzuziehen? (Langsam darf es auf jeden Fall sein, aber es muss angelegt sein.) Kann er/sie Vorgelesenem nicht folgen oder sich selbst Gelesenes nicht merken?

Tipp

Lassen Sie die **Augen** Ihres Kindes überprüfen. Ich meine damit nicht nur die U-Untersuchungen, sondern Untersuchungen, die von Fachleuten auf ihrem Gebiet durchgeführt werden.

Eine Untersuchung beim Augenarzt oder Optiker ist der übliche Weg. Jedoch nicht nur die Sehschärfe ist für das Lesen lernen wichtig, sondern auch die Koordination beider Augen miteinander. Hier gibt es hervorragende Fachleute aus dem Bereich der Funktionaloptometrie, die Ihrem Kind möglicherweise weiterhelfen können. Die Funktionaloptometrie teilt das Sehen in vier Teilbereiche auf und in jedem können Störungen auftreten: 1. Augenbewegungen (z.B. Schwierigkeiten bei Folgebewegungen und Blicksprünge). Diese Funktion des Auges ist die Basis für das Lesen- und Schreibenlernen. Des Weiteren kann es Auffälligkeiten in den 2. Winkeleinstellungen (Vergenz), 3. dem Scharfstellen der Augen (Akkommodation) und 4. der Fähigkeit, sich ein Bild von dem Gelesenen machen zu können (Visualisation), geben. Eine 21-Punkte-Prüfung analysiert und bewertet die oben genannten vier Teilbereiche und ermöglicht die Erarbeitung eines Trainingsplans.

Erst die Gesamtheit der visuellen Wahrnehmung ist das eigentliche Sehen, so die Funktionaloptometristen. Weitere Informationen findet man auf der Internetseite (siehe Weblink im Anhang).

Als Maria lesen lernte, machte sie viele Fehler. Sie las überhaupt nicht gern und ich war beunruhigt. Beim genauen Beobachten fiel uns auf, dass sie das Buch sich sehr nah vor das Gesicht hielt und immer wieder die gleichen Fehler machte: Sie las selten die Endungen der

Wörter, las Wörter, die in der Buchmitte standen falsch und ermüdete beim Lesen schnell.

Der Augenarzt schlug eine Brille vor, die Maria auch trug, aber ohne Erfolg. Nach einigen Wochen wollte sie die Brille nicht mehr aufsetzen. Die Leseleistung verbesserte sich nicht.

Wir ließen Maria dann von einer Funktionaloptometristin untersuchen. Es zeigte sich, dass unsere Tochter verschiedene Auffälligkeiten in der Koordination der Augen hatte. Nach einem halbjährigen Training hatte sich Marias Leseleistung enorm verbessert. Heute liest sie ihrer Altersklasse entsprechend gut.

Sollte sich im Verlauf der zweiten Klasse keine Besserung der Probleme ergeben, sollte spätestens dann eine Untersuchung auf Legasthenie bei einem Kinderpsychiater/einer Kinderpsychaterin erfolgen. Hierbei geht es um drei Aspekte:

a) Ein Arzt sollte alle möglichen körperlichen Ursachen ausschließen, die zu einer Legasthenie führen können

b) Nur mit einer ärztlichen Diagnose erhält die betroffene Schülerin oder der betroffene Schüler eine Therapie, die bezahlt wird.

c) Nur auf der Grundlage einer ärztlichen Diagnose darf die Schule die Zensur des betroffenen Kindes aussetzen und/oder einen Teil des Faches Deutsch (Sprechen und Zuhören) zensieren. Das Kind erhält ihm angepasste Aufgaben, Texte werden ihm vorgelesen usw.

Mir ist bekannt, dass viele Schulen, aber auch die Ärzte gern die zweite Klasse abwarten, um sich ein genaues Bild über die Lese-Rechtschreib-Leistung zu verschaffen. Doch erfahrene und achtsame Kolleginnen und Kollegen können Ihnen schon vorher sagen, ob es Auffälligkeiten gibt.

Der Weg durch die Institutionen ist lang, meist über ein halbes Jahr und bis zum Start in eine Therapie vergeht nicht selten mehr als ein Jahr.

Gabriel. Er konnte sich im Leselernprozess die Buchstaben trotz intensiver Übungen nicht merken. Egal, was wir versuchten, die verflixten Buchstaben wollten nicht in seinem Kopf bleiben. Wir starteten den Leselehrgang mit ihm noch einmal neu (die Personalstärke in unserer Klasse gab das damals her) und wieder schafften wir es nicht, Gabriel die Buchstaben beizubringen.

Ein Kinder-und Jugendpsychiater diagnostizierte eine schwere Legasthenie und Mitte der zweiten Klasse begann Gabriel mit einer Therapie.

Mit Beginn der dritten Klasse konnte er einzelne Silben lesen. Am Ende der vierten Klasse trug er seiner Klasse ein Referat über seinen Lieblingsberuf Koch vor, bei dem ich, wenn ich mich erinnere, noch heute eine Gänsehaut bekomme. Ich war so stolz auf ihn und er auf sich!

Gabriel behielt eine leichte Schwäche im Lesen und Schreiben, konnte konnte dennoch gut am Unterricht teilnehmen.

Dyskalkulie

Die Kinder mit einer Rechenschwäche haben häufig keine Bilder (z.B. Würfelbilder) und Mengenvorstellung für Zahlen im Kopf.

Zahlen geben immer eine Menge an: fünf Messer, drei Autos usw. Wenn Kinder mit einer Rechenschwäche die Zahl 5 lesen, bauen sie keine Mengenvorstellung dazu auf.

Das führt dazu, dass die Kinder Strategien aufnehmen, um das Problem (Rechenaufgabe) zu lösen, z.B. das Zählen mit den Fingern. Leider haben wir aber nur zehn Finger, sodass diese Technik schon beim Rechnen im Zahlenraum bis 100 an ihre Grenzen stößt.

Bei der geringsten Veränderung des Aufgabentyps sind diese Kinder nicht mehr in der Lage, die Aufgabe zu lösen, weil sie die gelehrte Rechenstrategie nicht verstanden haben oder ihre eigene nicht mehr funktioniert.

Ein Dyskalkulie-Kind irritiert es auch nicht, wenn die Aufgabe $84+2= 56$ ergibt, weil keinerlei Mengenvorstellung vorhanden ist.

Im Gegensatz zu festgestellten Legasthenie gilt die Feststellung einer Dyskalkulie nur für die vier Grundschuljahre. Danach gilt der Schonraum nicht mehr!

> Tipp:
> Ist Ihr Kind im Alter von drei bis sechs Jahren, lassen sie es Autos, Fenster, Kerzen usw. zählen. Beauftragen Sie es, den Tisch für die Familie zu decken und lassen Sie Ihr Kind herausfinden, wie viele Messer, Teller etc. es braucht.
> Würfelspiele sind sehr wichtig, denn die Würfelbilder geben den Zahlen bis 6 eine Ordnung. Auch Mengen mit den Fingern dargestellt (7 – sieben Finger) helfen, Bilder für Zahlen aufzubauen.
> Wichtig sind die Übungen in der Wirklichkeit – nicht auf dem Computer. Die Mathematik braucht den Bezug zum realen Leben. Die Trainingsprogramme auf den Computern können zusätzlich eingesetzt werden.

Sollte die Schule jedoch auf eine Schwäche in Mathematik hinweisen, wenden Sie sich umgehend an eine Institution, die Ihrem Kind zur Seite steht. Warten Sie nicht zu lange. Denn für die Grundlagen auch in Mathematik sind wiederum ca. zwei Schuljahre Zeit.

Immer wieder wird im Zusammenhang mit Lernschwächen das Sitzenbleiben diskutiert. Ich habe dazu eine Meinung, die nicht immer geteilt wird.

Ich bin für die Wiederholung einer Klasse, wenn sie sinnvoll ist.

Sinnvoll ist sie dann, wenn lange Fehlzeiten vorhanden sind, das Kind sehr jung eingeschult wurde und wenn die Kolleginnen und Kollegen sich einig sind, das ein erneutes Lernen der Grundlagen sinnvoll ist. Denn hierum geht es in den ersten beiden Klassen: das Erlernen der Grundlagen für das ganze Schulleben! Meiner Erfahrung nach wiegt das möglicherweise entstehende Trauma der Klassenwiederholung (Scheitern, neue Klassenkameraden/Lehrerin) auf lange Sicht weniger schwer, als die mit Sicherheit folgenden jahrelangen Probleme im Lernen.

Tipp:
Warten Sie bei Auffälligkeiten im Lesen, Schreiben und Rechnen nicht zu lange, das Problem bei Lehrern oder Ärzten anzusprechen. Die Lehrerin/Der Lehrer Ihres Kindes wird Ihnen sagen können, ob alles in Ordnung ist oder es Auffälligkeiten gibt. Wichtig ist hier: nicht die Lehrerin ist schlecht oder Ihr Kind faul, dumm o.ä. Es gibt ein Problem und das gilt es so gut wie möglich in den Griff zu bekommen. Hier hilft nur eine gute Zusammenarbeit zwischen Schule und Eltern zum Wohle des Kindes. Bitte stehen Sie Ihrem Kind zur Seite und

helfen Sie ihm liebevoll. Es hat es am Schulvormittag schon schwer genug!

Aufmerksamkeitsstörungen in der Schulklasse

Das Thema ADHS ist in aller Munde. Vielleicht hat das
eigene Kind diese Diagnose erhalten, aber fast jeder von
uns kennt zumindest ein Kind. Am Schulvormittag tref-
fe ich auf ganz unterschiedliche Aufmerksamkeitsstörungen.

Es gibt Kinder, die es aus sich heraus nicht schaffen,
still an einem Platz zu sitzen. Hierbei ist nicht die 6.
Stunde am Ende des Schultages gemeint. Diese Kinder
haben von morgens an das Bedürfnis, sich zu bewegen.
Sie gehen oft zu Toilette, zappeln und kippeln beständig
auf ihrem Stuhl oder Sitzball, gehen im Klassenraum
umher, reden mit dem Nachbarn, kauen auf etwas herum (Pullover, Bleistift). Auf Ansprache reagieren sie
betroffen und versuchen das Verhalten zu verändern,
was ihnen nur kurz gelingt. Diese Kinder sind oft in der
Lage, sich für kurze Zeit intensiv mit einer Aufgabe
auseinanderzusetzen. Längere Arbeitsphasen (zehn bis
fünfzehn Minuten) können sie nur schwer durchhalten.
Offene Unterrichtsformen (Stationsarbeit, Gruppen-
arbeit, Arbeit in Projekten) überfordern diese Kinder

oftmals vollkommen, da sie feste Strukturen brauchen, um sich orientieren zu können.

Im folgenden möchte ich Sie mit in die Schulklasse nehmen und Ihnen Kinder vorstellen, die Sie in jeder Schulklasse zu mehreren finden.

Christoph:
Christoph ist ein wirklich kluges Kerlchen. In kürzester Zeit erfasst er alle Unterrichtsinhalte. Diese sauber und ordentlich zu Papier zu bringen und über mehr als 5 Minuten anzuwenden, gelingt ihm jedoch nicht. Er fällt mehrmals täglich von seinem Sitzball, kaut immer auf Papierschnitzeln herum und stört seine Nachbarn durch beständige Ansprachen. Wenn ich neben ihm sitze, bin ich nach kurzer Zeit selbst ganz zappelig.

Alexander
Alexander ist sehr impulsiv. Immer wieder wird er von uns Lehrerinnen daran erinnert, sich auf seinen Platz zu setzen und sich auf seine Aufgaben zu konzentrieren. Er wiederum ist an vielem interessiert, was im Klassenraum geschieht, fühlt sich für vieles zuständig, reagiert aggressiv auf seine Mitschüler und springt auf oder ruft in die Klasse, wenn ihn etwas begeistert oder ärgert. Er hat die kognitiven Möglichkeiten, ein guter Schüler zu sein, schafft aber seine Arbeiten durch sein Verhalten nicht.

Chiara:

Chiara ist zu Schulbeginn fünf Jahre alt. Sie ist immer abwesend – man möchte sie schütteln, damit sie aufwacht. Wenn sie kurz „aufwacht" bringt sie hervorragende Leistungen. Chiara ist dann wie ein anderes Kind: fröhlich und lernbereit. Das geschieht aber leider nur selten und hält auch nur wenige Minuten an.

Paula:

Ohne die volle Aufmerksamkeit durch eine Lehrerin kann Paula nicht über einen längeren Zeitraum ihre Aufgaben erledigen. Das Mädchen kann sich nur schwer aus eigenem Antrieb auf ihre Aufgaben konzentrieren und gerät durch Träumereien oder Antriebslosigkeit mit ihren Aufgaben in den Rückstand. Sie ist in Einzelsituationen mit den Lehrpersonen kognitiv in der Lage, alle Arbeiten hervorragend zu erledigen und hat den Wunsch, Rechtsanwältin zu werden.

Daniel:

Daniel ist mit fünf Jahren eingeschult worden. Er ist für sein Alter sehr klug und kann sein Wissen abrufen. Er braucht mehr Zeit als die anderen, schaut immer wieder in die Luft, aber kann schon zu Beginn der ersten Klasse lesen und rechnen. Er schnullt immer an etwas herum.

Meistens an seinem Pullover, der immer nass ist. Die anderen Kinder bemerken das natürlich und ich habe als Lehrerin Mühe, das zu erklären. In den ersten zwei Schuljahren kann er den Lernstoff gut aufnehmen. In der dritten Klasse ist er viel krank und hat Mühe, den Schulvormittag durchzustehen. Er schwankt zwischen zwei Gemütszuständen: einerseits möchte er viel Zuwendung von den Kindern und Erwachsenen, andererseits ist er gemein und hinterhältig im Umgang mit seinen Mitschülern.

Kinderärzte werden häufig mit der Aussage von Eltern und Lehrern konfrontiert, dass sich das ihnen vorgestellte Kind zuhause und/oder in der Schule z.B. nicht konzentrieren könne, verhaltensauffällig oder aggressiv sei, die Leistungen nicht ausreichend sind, sich nicht altersentsprechend verhalte usw. Sie sehen sich mit verzweifelten Eltern konfrontiert, die häufig schnell eine Lösung haben wollen.

Weit verbreitet ist nach wie vor die Gabe von Psychostimulanzien, die meist ohne begleitende Therapie über Jahre Kindern, Jugendlichen und inzwischen auch Erwachsenen verordnet werden.

In der Schule bedeutet das, dass es in jeder Klasse ein bis drei Kinder, zumeist Jungen, mit dieser Diagnose und der daraus folgenden medikamentösen Einstellung gibt.

Ich hatte in meinen Schulklassen zwei Jungen, die ein solches Medikament einnahmen. Beide hatten die Diagnose ADHS. Die Kinder reagierten vollkommen unterschiedlich. Der eine kam morgens recht entspannt in die Klasse und kann im Rahmen seiner Möglichkeiten seine Leistungen abrufen. Der andere war morgens absolut ruhig und hatte Mühe, dem Unterricht zu folgen und seine Aufgaben zu erledigen. Beide aßen bis ca. 10.00 Uhr kaum etwas. Der zweite Junge wurde ab 10.30 Uhr munter und verhielt sich zunehmend wie ein Kind. Der erste Junge bekam mittags in der Schule seine nächste Medikamentengabe, der zweite erhielt sie erst abends.

Wenn die Kinder ihre Medikamente vergessen hatten, veränderten sie sich deutlich. Beim ersten Kind war sofort ein aggressives Verhalten zu beobachten. Er schlug dann schon am Vormittag um sich.

Bei dem anderen Jungen war ein verändertes Verhalten erst nach Wochen zu beobachten. Es wurde ein Versuch gestartet, das Medikament abzusetzen. Das „unerwünschte" Verhalten kehrte dann erst nach Wochen zurück. Die Mütter beider Kinder berichten, dass sie mit ihren Kindern nicht zurechtkämen, wenn diese kein Medikament erhielten.

Medikamente sind nur eine Lösung des Problems und oft genug helfen sie nicht wirklich. Vor den Nebenwirkungen und Spätfolgen wird immer wieder gewarnt.

Meine ausführlichen Vorschläge für die möglichen Ursachen und Behandlungs-möglichkeiten von Aufmerksamkeitsstörungen fern ab von Medikamenten widme ich ein eigenes Kapitel: „Haltestellen am Straßenrand". Mir ist an dieser Stelle nur wichtig zu sagen, dass man etwas tun kann!

Tipp:

„Das verwächst sich schon" ist eine weit verbreitete Aussage, die Eltern immer wieder zu hören bekommen. Ich weiß heute, dass sich nur sehr selten etwas verwächst, sondern dass Verhaltensauffälligkeiten bei Kindern nicht selten ein Hinweis für Entwicklungsstörungen sind. Handeln Sie umgehend und lassen Sie sich nicht vertrösten oder abwimmeln. Wer Ihnen helfen kann, erfahren Sie im o.g. Kapitel.

Tipp:

Lassen Sie einen genauen Hörtest machen. Dieser ist nicht leicht zu bekommen. Denn für das gute Hören ist nicht nur die Hörwahrnehmung (Höhen, Tiefen, Lautstärke) wichtig, sondern auch die Hörverarbeitung (Was höre ich wo?). Eine gute Adresse sind hier die Tomatis-Institute (siehe Weblink im Anhang), die sich auf die gesamte Hörverarbeitung spezialisiert haben.

Vor einiger Zeit kam mir auf unserem Schulgang eine Kollegin entgegen, die in ein Buch vertieft war. Als ich ihr auf die Entfernung ein „Hallo" zurief, drehte sie sich um (also von mir weg) und suchte das „Hallo" vergebens – ich stand ja vor ihr! Als sie sich wieder umdrehte, sagte sie zu mir : „Mein verd... Ohren".

Auch viele Kinder sind bei Spielen auffällig, bei denen es um das Hören geht. Den Ton beispielsweise einer Triangel können selbstverständlich alle hören. Lässt man sie aber die Augen schließen und die Richtung anzeigen, aus der der Ton kommt, sieht man immer wieder Finger in ganz andere Richtungen zeigen.

Da wir uns u.a. auch mit den Ohren im Raum orientieren kann ein falsches Richtungshören zu Stress führen. Denn nicht orten zu können, aus welcher Richtung der „Säbelzahntiger" kommt, erzeugt Spannung und Unsicherheit =Stress oder Unruhe.

Die oben genannten Auffälligkeiten können auch zu Aufmerksamkeitsstörungen führen. Denn wenn ein oder mehrere Sinne nicht koordiniert arbeiten, wird der oder die Betroffene unruhig, bekommt Angst oder muss sich sehr anstrengen, um die ihm bzw. ihr gestellten Aufgaben zu bewältigen und ist daher schnell erschöpft oder wenig leistungsbereit.

Burnout in der Kindheit

Vor kurzer Zeit habe ich aus einer naheliegenden Grundschule gehört, dass bei einigen Erstklässlern zum Ende des ersten Schuljahres von Burnout gesprochen wurde. Auch wenn ich mit der Deutung solcher Informationen vorsichtig geworden bin, glaube ich sofort, was hier im Ansatz gemeint ist: Die Kinder sind von ihrem Wochenpensum erschöpft. Die Anforderungen in der Schule, die Informationsfülle aus den Medien und übervolle Tage lassen kaum Zeit für Entspannung und Erholung, die Kinder schlafen zunehmend schlechter und Ängste und Aggressionen entwickeln sich außergewöhnlich häufig.

Man sagt, dass ein Schulkind nie wieder mehr lernen und bewältigen muss, als in der ersten Klasse: Kulturtechniken (Lesen, Schreiben, Rechnen), Platz im Sozialgefüge der Klasse, Kondition, einen Schultag durchzuhalten, Hausaufgaben, Fahrzeiten.

Ich habe die kleinen Wesen vor Augen, die am Schulvormittag ihren Kopf auf den Tisch legen und verlauten lassen, dass sie nicht mehr können, unruhig werden, weil sie nicht mehr folgen können, weinen oder schlichtweg verkünden, dass sie jetzt zu ihrer Mutter möchten.

Auch kommen zu mir in die Beratung zunehmend Eltern mit ihren älteren Kindern, die plötzlich nicht mehr in die Schule wollen. Schon das morgendliche Aufstehen fällt den Kindern schwer, der Weg zur Schule scheint kaum zu schaffen und die Gedanken an den Schulvormittag lösen Angst und Überforderung aus. Ab und an erfolgt daraus auch eine Schulverweigerung, die als Folge viele Herausforderungen nach sich zieht: Fehlzeiten, Verlust des schulischen und sozialen Anschlusses, Rückzug aus dem Alltag.

Benedikt
Benedikt kam mit seiner Mutter in meine Praxis. Seine Mutter berichtete, dass Benedikt nicht mehr zu Schule gehen wolle. Es sei ihm zu anstrengend. Auch zuhause habe er sich verändert, ziehe sich zurück, verhielte sich fast schon depressiv, habe mit dem Fußballspielen aufgehört und weine viel. Beide weinten in meinem Praxisraum.
Benedikt bestätigte die Aussagen seiner Mutter.
Wir identifizierten einen Erschöpfungszustand aufgrund einer länger zurückliegenden Krankheit und einer schulischen Überforderung. Drei oder vier kinesiologische Sitzungen in Bezug auf die Schulangst und die körperli-

chen Stärkung durch Mineralien und Vitamine mithilfe eines Heilpraktikers heilten den Erschöpfungszustand aus und Benedikt konnte und wollte wieder zu Schule gehen.

Tipp:

In meinen Augen ist es wichtig, dass die Kinder bis zehn Jahren mindestens zwei, besser noch drei Nachmittage zur freien Verfügung haben und dass der Sonntag der Familie gehört. Die Nachmittage können mit Spielen (draußen oder drinnen) verbracht werden, Nichtstun, Vorlesen, Malen. Alle schulischen Aufgaben können in Ruhe durchgesehen und gewürdigt – oder zu gegebener Zeit verbessert werden. Man kann Rätsel lösen, gemeinsam basteln oder handarbeiten usw.

Die Spiele am PC, Playstation oder Nintendo zählen für mich nicht zur Spielzeit. Die elektronischen

Spiele gehören in unserer Zeit dazu, sollten aber meines Erachtens je nach Alter eine ½ Stunde (fünf bis acht 8 Jahre) und eine Stunde (neun bis zwölf Jahre) pro Tag selten überschreiten. Die Zeit vor dem PC ist keine Erholungszeit: Die Gedanken sind nicht frei, es gibt zeitliche Vorgaben und eine körperliche Betätigung findet nicht statt.

Außerdem sollten meines Erachtens Krankheiten

gut auskuriert werden. Leider wird sich auch bei den Erwachsenen immer weniger Zeit für die Gesundung genommen – vielleicht ist so manches Mal auch hier die Folge: Burnout.

Ich bin ohnehin ein Freund der Vorsorge. Wenn ich bei Maria Anzeichen einer Erkrankung erkenne, lasse ich sie zuhause. Oft hat sie sich dann in einem oder zwei Tagen erholt und wird nicht oder nicht so arg krank. Versuchen Sie es mal.

Haltestellen am Straßenrand

Eigene Probleme mit meiner Halswirbelsäule führten mich zur Osteopathie. Osteopathen waren damals in unseren Breiten noch eher unbekannt und ich musste bis nach Berlin fahren. Ich lernte dort einen wunderbaren Therapeuten und eine Behandlungsmethode kennen, die auf sanfte Art und Weise Menschen und auch Tiere therapierte. Ich beschloss damals, den Osteopathen für ein Behandlungswochenende in unsere Stadt zu holen. Seit dem ersten Mal sind nun fast 20 Jahre vergangen und ich darf seit über 1500 Behandlungen mit im Praxisraum sein, um die Diagnosen, Befunde und Therapien zu verschriftlichen. Ich bin immer wieder sehr dankbar dafür, dass ich bei den Behandlungen anwesend sein darf – kann ich so doch Einblicke in die körperlichen und manchmal auch seelischen oder geistigen Schwächen der Menschen gewinnen und von Therapien erfahren, die den Menschen wirklich Hilfe bringen. Außerdem darf ich teilhaben an dem Wissen und der Erfahrung eines hervorragenden Therapeuten, der ein Freund der Menschen ist und der in jede Behandlung sein Wissen aus inzwischen über 50 Jahren Praxiserfahrung mit einfließen lässt.

Eines Tages kamen dann auch die ersten Kinder mit Aufmerksamkeitsstörungen zu uns in die Praxis. Das ist ca. 15 Jahre her.

Eltern, die mit ihren Kindern – oftmals Schulkindern– die Praxis besuchten, erzählten uns von den Problemen, die sie mit ihren Kindern hatten: Konzentrations- und Aufmerksamkeitsprobleme, schwache Schulleistungen insgesamt oder in einzelnen Fächern, Schlaflosigkeit, Probleme mit Mitschülern, Hinweise der Lehrerin oder Erzieherin auf Verhaltensauffälligkeiten usw. Bei den anschließenden Untersuchungen und Befunden stellte sich immer wieder heraus, dass die vorgestellten Kinder Blockaden in der Halswirbelsäule aufwiesen. Das ließ uns aufhorchen. Natürlich gab es auch andere körperliche und/oder seelische Probleme. Die Blockaden in der vor allem oberen Halswirbelsäule tauchten aber nahezu übereinstimmend auf. Auf Hinweis einer Mutter, die damals von dem KiSS-Syndrom gelesen hatte, arbeitete sich der Osteopath die Fachliteratur ein.

Heute können wir sagen, dass überdurchschnittlich viele Kinder KiSS-Kinder sind, bei denen ADHS/ADS diagnostiziert wurde.

Osteopathie: Die Halswirbelsäule (KiSS-Syndrom)

Was ist das KiSS-Syndrom?

KiSS steht für Kopfgelenk-induzierte-Symmetrie-Störung. Es wird damit eine Fehlstellung der Halswirbelsäule benannt, die genau betrachtet keine Krankheit ist.

Vielmehr handelt es sich dabei um eine Steuerungsstörung, die eine Blockade der Kopfgelenke zur Ursache hat.

Experten zu Folge wird das KiSS-Syndrom überwiegend bei der Geburt verursacht. Die erheblichen Einwirkungen, denen das Kind auch schon vor der Geburt ausgesetzt ist (Wehen, Druck des Bauchfells der Mutter auf das Kind, Druck des Kopfes auf die Symphyse durch die Kopflage etc.) können dazu führen, dass die für die Kopfhaltung verantwortliche **Sensomotorik** auf diese Weise beeinträchtigt wird.

Ein KiSS-Syndrom hat zur Folge, dass die Verbindung zwischen Kopf und Körper beeinträchtigt wird. Durch die Verschiebung der Halswirbelsäule gegenüber dem Kopf, so minimal sie auch sein mag, bewirkt Stauungen, die für den Säugling sehr unangenehm sind. Die Beschwerden, die das Kind empfindet, sind ein Kopfschmerz, der für das Kind sehr unangenehm ist und zum Weinen oder Schreien führen kann. Weitere Beschwerden können eine Beeinträchtigung des Gleichgewichts sein, die dazu führt, dass das Kind das Gefühl hat zu fallen und keinen Halt hat. Auch Alpträume können durch das KiSS-Syndrom entstehen.

Als Hinweise auf eine mögliche KiSS-Problematik bei Säuglingen gelten folgende Auffälligkeiten:

1. **Auffällige Stellung**

   Wenn Eltern beobachten, dass das Kind eine immer wiederkehrende Stellung einnimmt, dann ist das keine Lieblingshaltung, sondern eine Zwangshaltung. Eine häufige Ursache hierfür ist das KiSS-Syndrom.

   Emil, wenigen Monate alt, lag in seinem Bettchen immer mit dem Kopf nach rechts, den rechten Arm und das rechte Bein gestreckt. Das Kind weinte sehr viel, auch wenn man es aus dieser Stellung herausnahm. Die Ursache des Schreiens war das Gefühl des Kindes, ohne Halt zu fallen. Der Befund war ein KiSS-Syndrom mit einer Rotation des Atlas'.

   Peter, 7 Jahre, kam in die Behandlung, weil er nicht sitzenbleiben konnte, sich nicht konzentrieren konnte und den Praxisraum innerhalb von 3-4 Minuten untersuchte.

   Das Kind sollte sich auf der Behandlungsliege auf den Rücken legen. Die Mutter meinte, dass das nicht ginge. Das Kind jedoch befolgte die Anweisung und ließ die Behandlung ruhig über sich ergehen. Als der Osteopath der Mutter die Behandlungsgründe erklärte, schlief das Kind tief und fest ein.

   14 Tage später kam das Kind mit seiner Mutter für den nächsten Behandlungsschritt erneut in die Pra-

xis. Die Mutter berichtete, dass ihr Kind immer noch lebhaft sei, sich aber wesentlich leichter beruhigen ließ.

Eines Tages kamen Eltern mit ihrer vier Monate alten Tochter Charlotte in Herrn Barts Praxis. Die Eltern berichteten, dass die Tochter durchgehend schreie, sodass alle keinen Schlaf finden könnten und vollkommen erschöpft seien. Der Kinderarzt habe nichts festgestellt. Das Kind war gesund. Der Osteopath untersuchte das auch in der Praxis schreiende Kind, stellte ein KiSS-Syndrom fest und behandelte es direkt. Als plötzlich Ruhe im Praxisraum einkehrte, fragte der Vater: „Ist sie tot?“ Nein, noch während der Behandlung schlief das Kind ein!

Erfahrungswerte des Osteopathen: Die Selbsthilfe des Kindes ist zu schreien, um den Körperdruck so zu erhöhen, dass es einen Ausgleich zwischen Kopf und Körper gibt. Daraufhin kann das Kind kurzfristig durch Erschöpfung einschlafen.

2. Schwierigkeiten beim Schlucken und Saugen

Schlucken und Saugen ist ein Wechselspiel zwischen Beuge- und Strecksystem des Körpers. Das Beuge- und Strecksystem ein Reflex des Menschen, den jeder machen muss. Dieser Reflex wird im Gleichgewichtszentrum im Kleinhirn programmiert. Dadurch kann das Stillen beeinträchtigt werden und die einzige Hilfe für das Kind ist die Mobilisation der Kopfgelenke und die osteopathische, craniale Behandlung.

Der Osteopath wurde in ein Entbindungskrankenhaus gerufen. Das Kind konnte nicht schlucken und war apathisch. Die Untersuchung hatte ergeben, dass das Kind ein KiSS-Syndrom hatte. Die Mobilisation des ersten Halswirbels bewirkte eine spontane Entspannung des Kindes. Es konnte zwei Stunden später trinken.

Erfahrungswerte des Osteopathen: Medikamentös kann hier nicht geholfen werden.

3. **Einseitiges oder beidseitiges Überstrecken des Rückens (nach Hinten-Werfen)**

Die Überstreckung des Kindes kommt vom Streckmuster. Dieses Muster ist das wichtigste Muster aller Säugetiere. (Die Säugetiere kommen ursprünglich aus dem Meer und haben so Luft geholt). Wenn das Kind durch das KiSS-Syndrom in eine Stresssituation kommt, wird das Streckmuster vom Erhaltungssystem eingesetzt. Dieses Strecksystem hat zur Folge, dass die Koordinationsfähigkeit des Kindes eingeschränkt wird und dass das Kind das Gefühl hat zu fallen (Man kennt dieses Gefühl vom Einschlafen. Bei uns Erwachsenen dauert dieser Prozess ca. 0,7 sek., bei den Kindern geht es manchmal minutenlang).

Die Folge ist eine dauerhafte Überstreckung der Wirbelsäule, insbesondere des Kopfgelenkes, so dass es Einschränkungen beim Einschalten des Entspannungssystems gibt.

Erfahrungswerte des Osteopathen: Für eine gesunde Entwicklung ist ein koordiniertes Wechselspiel zwischen Beuge-, Streck- und Seiten-Beuge-Strecksystem (Fechterstellung) wichtig. Beispiel: Wenn wir im Stress ein Buch lesen, fällt es uns schwer die Inhalt aufzunehmen und wir wissen manchmal schon nach kurzer Zeit nicht mehr, wer Müller war und wer Meyer. Wenn wir jedoch im Urlaub sind können wir nicht genug von den nächsten Seiten bekommen.

4. Hervorkommen der Zunge

Die Zunge ist Teil des Beugesystems und wird vom Kind als Abwehr gegen das Strecksystem eingesetzt. Kinder, die die Zunge ständig vorstrecken oder den Mund viel aufhaben, versuchen, nicht in das Strecksystem hineinzukommen. Das kann bewirken, dass die Sprachentwicklung nicht koordiniert abläuft und dass das Kind Schwierigkeiten hat, sprechen zu lernen. Je früher die Halswirbelsäule behandelt wird, desto geringer sind die Beeinträchtigungen des Kindes.

5. Nicht über die Mitte greifen können

Nicht über die Mitte greifen hat als Ursache die Überstreckung. Um über die Mitte kommen zu können, muss man über die Beugung gehen. Über die Mitte kommen zu können ist wichtig für die Koordination und alle Bewegungsmuster (gehen, schreiben, sprechen etc.) und für die Koordination der linken und rechten Gehirnhälfte. Die Behandlung sollte auf neurophysiologischer Grundlage nach Bobath oder Vojta durchgeführt werden, für Säuglinge und Kinder bis zum fünf/sechs Lebensjahr jedoch nur Vojta.

Die Behandlung nach Vojta erfolgt über die Reflexe, die Behandlung von Bobath geht über die Wahrnehmung und Erfahrungswerte. Da das Großhirn erst mit dem fünften/sechsten Lebensjahr eine volle Reifung erlangt hat, ist die Bobath-Behandlung vorher nicht sinnvoll.

6. Auslassen des Krabbelns

Das Auslassen des Krabbelns hat als Ursache das Streckmuster. Krabbeln ist in der Prägungszeit vom sechsten bis achten Lebensmonat wichtig, um die Koordination zu fördern. Vojta hilft hier weiter.

„Ihr Kind ist faul" wurde einer Mutter gesagt, die ihr Kind in der Praxis vorstellte. Sie machte sich Sorgen, weil ihre Tochter ausschließlich saß, aber nicht anfangen wollte zu krabbeln. Eine genaue Untersuchung ergab eine Blockade in der Hals- und Brustwirbelsäule, die noch in der Praxis gelöst wurde. Außerdem musste das Kind zur Vojta-Therapie, um den Entwicklungsrückstand aufzuholen.

Die Mutter berichtete drei Monate später, wie anstrengend die Therapie für Mutter und Kind gewesen sei und sie manchmal das Gefühl hatte, die Therapie nicht durchhalten zu können. Nun aber krabble ihr Kind und entwickle sich wie andere Kinder (Heute ist das Mädchen eine 17jährige junge Frau auf dem Weg zum Abitur).

Ein anderes Mädchen konnte sich nicht mit dem rechten Arm aufstützen. Immer wieder gab der Arm beim Hochstützen nach und ging nach hinten weg. Die Kinderärztin hatte dies zwar bemerkt, konnte jedoch nicht helfen.. Es stellte sich in der Osteopathiepraxis heraus, dass die erste Rippe des Kindes verschoben war. Bei der letzten Presswehe wollte das Kind, so erzählte uns die Mutter, so schwungvoll ins Leben, dass sie zunächst auf dem Bett landete und nicht in den Händen der Hebamme. Dabei hatte sich die erste Rippe verschoben.

7. Laufen vor dem 11/12. Lebensmonat

Wenn das Kind zu früh versucht aufzustehen, geht das nur über das Streckmuster. Das frühe Aufstehen bewirkt eine Behinderung des Beugesystems und dadurch eine mangelnde Koordination. Auch hier hilft Vojta weiter.

Immer wieder sieht man kleine Kinder, die viel auf ihren Zehenspitzen gehen. Erst gestern sah ich in der Arztpraxis einen Jungen, der einen solchen Gang zeigte. Hier ist das Streckmuster (s.o.) zu stark ausgeprägt. Diese Kinder sind ständig unter Spannung. Dieser Junge traute sich trotz seiner fünf Jahre nicht, eine Zeitung vom Tisch zu nehmen, der unmittelbar neben ihm stand. Er bat seine Mutter um Unterstützung, die etwas ungehalten auf diesen Wunsch reagierte.

Alle Eindrücke und Handlungen außerhalb der gewohnten machen diesen Kindern Angst. Sie haben ohnehin Mühe, mit diesem hohen Maß an Anspannung ihren Tag zu bewältigen. Da sind ungewohnte Situationen schwer zu bewältigen. Das ist für alle

Beteiligten ein anstrengendes Leben. Wenn Mutter und Kind wüssten, dass es dafür Lösungen gäbe ...

Es geht nicht darum, dass Streckmuster abzuschaffen oder zu verteufeln, sondern es in die anderen Muster (Beuge- und Fechterstellungsystem) mit einzubauen.

Fazit: Eine ausgewogene Mischung zwischen allen Systemen ist für die koordinierte, physiologische Entwicklung notwendig.

Mögliche Hinweise auf das KiSS-Syndrom:
bei Kleinkindern
- Verzögerung der körperlichen Entwicklung
- Störung der Grob- und Feinmotorik
- Störung im Gleichgewicht (z.B. beim Fahrradfahren)
- Störung und/oder Verzögerung der Sprachen/des Sprachlernens
- wiederholte Kopfschmerzen
- Defizit in der Sozialkompetenz (Knüpfen von Kontakten, Aggression
- gegen sich und andere)
- Angst vor Menschen und Ereignissen
- mentale Abwesenheit bis hin zur Zurückgezogenheit
- unerklärliche Ängste

Der neurophysiologische Entwicklungsprozess – das ist die Entwicklung, durch die wir alle durch müssen – kann bei einer KiSS-Problematik nur bedingt harmonisch erfolgen. Eltern, die mit den oben genannten Problemen in die Arztpraxen kommen, werden nicht selten mit dem Hinweis vertröstet, dass sich das Problem schon verwachse oder das jedes Kind eben anders sei.

Den Kindern bleibt ohne eine Therapie (z.b. auf das KiSS-Syndrom spezialisiert Ärzte oder Osteopathen) nur der Versuch, ihre Schmerzen und Fehlstellungen durch anderen Stress auszugleichen. Dieser 'Gegenstress' kann sein: Schreien, Unwohlsein, Unmut, Unruhe, übersteigerte Angst oder Apathie z.b. Dauerschläfrigkeit, Nichtteilnahme am Leben und vieles mehr.

Claus:

Claus kam in schwarzer Lederjacke, blass und etwas roboterhaft wirkend in die Praxis. Er berichtete, dass er große Probleme in seiner Ausbildung hätte, da er ihm vorgeworfen werde, sich nicht längere Zeit konzentrieren zu können. Er selbst empfand viel Druck vonseiten des Chefs und fühlte sich nicht mehr wohl in seiner Haut. Er sagte, dass er kein typischer Jugendlicher sei. Er würde sich nicht mit Freunden treffen und auch nicht weggehen, sondern seine freie Zeit am Computer verbringen. Er trinke nichts anderes als Cola und treibe auch kein Sport. Er sei fit und fühle sich in seinem Le-

ben wohl, allerdings bereite ihm die Arbeit Probleme.

Auf Nachfragen beschrieb er, dass er laut seiner Mutter als Säugling sehr pflegeleicht gewesen sei. Er habe abwechselnd geschlafen und gegessen und sei ein sehr einfaches Baby gewesen. Er habe nicht geschrien, immer sehr ruhig gewirkt und sei sehr früh gelaufen (deutlich vor seinem ersten Geburtstag).

Die Untersuchung und Behandlung ergab folgendes: Claus ist das Gegenteil eines Schreikindes. Er konnte eine gesunde Entwicklung aufgrund einer Blockade in der Halswirbelsäule nicht erleben. Seine Art damit umzugehen war, sich abzuschalten und zu schlafen – in jungen Jahren – und – heute – sich vor den Computer zu setzen und sich vom Leben zurückzuziehen. In der Ausbildung wird er jedoch vor Anforderungen gestellt, denen er nicht ausweichen kann, und somit schaltet seine Konzentration ab. Um sich nicht noch mehr zu stressen, bleibt Claus dann lieber zuhause und bedient den Computer. Claus kam nach ein paar Monaten erneut zur Behandlung und beschrieb, dass es ihm deutlich besser ginge. Er könne sich besser konzentrieren und fühle sich im Ganzen wohler.

Wenn das KiSS-Syndrom nicht behandelt wird, können im Heranwachsen des Kindes unter anderem Wahrnehmungs- und Koordinationsstörungen, die sogenannten KiDD-Symptome auftreten. KiDD steht hier für Kopfgelenk induzierte Dysgnosie (Wahrnehmung) und Dyspraxie (Koordination).

Die KiDD-Symptome können sein:
- Schlafprobleme
- Probleme beim Balancieren oder Klettern
- Probleme beim Fahrradfahren
- Schwierigkeiten, auf einem Fuß zu hüpfen
- Probleme, die Körpermitte zu überkreuzen
- Angst vor Neuen
- das Kind braucht bei seinen Aktivitäten immer eine Anlehnung an eine Person

Im schulischen Bereich können folgende Störungen auf eine KiSS-Problematik hinweisen:
- Dyskalkulie (Rechenschwäche)
- Legasthenie oder Lese-Rechtschreib-Schwierigkeiten
- Probleme mit der Wahrnehmung (Orientierung im Raum, auf dem
- Arbeitsplatz, Ordnung …)
- Probleme mit der Aufmerksamkeit

Viele der behandelten Kinder sahen wir zu einer weiteren Behandlung oder zu einer Kontrolluntersuchung wieder. In den meisten Fällen berichteten die Eltern und auch die behandelten Kinder von einer erkennbaren

Verbesserung der Problematiken: bessere Schulleistungen, bessere Konzentration oder weniger Aggressionen, angenehmeres Familienleben usw.

Ideal wäre es für die Kinder, wenn sie nach der Geburt – wie es übrigens in England schon oft gemacht wird – direkt von einem Osteopathen behandelt werden würden. Diese Behandlung würde nur wenige Augenblicke dauern und für das Kind kaum spürbar sein. Kindern und deren Familien würde viel Leid erspart werden.

Kinesiologie: Mit der Weisheit des Körpers arbeiten

Seit über 18 Jahren bin ich als Kinesiologin tätig. Begonnen hat dieser Weg mit einem Vortrag in unserer Kreisvolkshochschule, in dem eine bestimmte Richtung der Kinesiologie (Three in One Concepts, siehe Weblink)vorgestellt wurde.

Da mich in meinem Leben Ängste immer begleitet hatten und ich verschiedene herkömmliche Therapien seit Kindesbeinen leider vergeblich ausprobiert hatte, erhoffte ich mir mit diesem Verfahren einen Ausweg aus meiner Schwäche. Ich war fasziniert von dem sanften Vorgehen, Ursachen auf die Spur zu kommen. In der Tat bekam ich Schritt für Schritt meine Ängste in den

Griff. Zunächst konnte ich es gar nicht glauben, dass etwas, das mich jahrzehntelang begleitet hatte, nun nicht mehr da war. Toll!

Die Kinesiologie geht davon aus, dass wir alles im Leben Erlebte abspeichern. Es gibt viel Positives, aber auch Negatives. Das Leben ist halt so. Vieles von den negativen Erlebnissen kann die Seele gut verarbeiten und lernt daraus. Einiges ist jedoch dabei, das einen Stress in der Seele hinterlässt, der nicht bewältigt werden kann. Dieser Stress kann sich in Form von Ängsten, Verhaltensauffälligkeiten, Schlafstörungen, Verweigerungen uvm. manchmal nach Wochen, Monaten und nicht selten nach Jahren äußern. Wenn viel Zeit vergangen ist, kann man bewusst nur selten den Auslöser finden und nicht selten wird dann an den Symptomen „herumgedoktert".

Die Kinesiologie kann Ursachen mit Hilfe des Muskeltests sehr gut identifizieren. Es ist für mich bis heute absolut faszinierend, dass so etwas funktioniert – und das tut es!

Eigentlich wollte ich nicht beratend tätig werden, sondern nur meine eigenen Sachen bereinigen. Das Leben wollte es anders. Inzwischen kommen seit fast zwanzig Jahren Menschen aller Altersgruppen mit den unterschiedlichsten Anliegen zu mir in die Beratung. Ich bin sehr dankbar über das mir entgegen gebrachte Vertrauen.

Ich habe gelernt, dass jedes Verhalten, jede Angst eine Ursache hat und dass man etwas tun kann. Manchmal braucht man länger, um dem Auslöser auf die Spur zu kommen, manchmal kürzer. Es ist wichtig zu wissen, aus welcher Richtung das Problem ursprünglich kommt: Vom Körper oder aus der Seele/dem Geist. Denn nicht alles, was in die 'psychische Ecke' gesteckt wird, gehört da auch hin.

Mir begegnen Eltern, die ratlos, traurig oder verzweifelt, manchmal auch verärgert oder wütend über die Auffälligkeiten ihres Kindes sind. Oft waren sie schon bei verschiedenen Ärzten oder Therapeuten, die nicht weiterhelfen konnten.

Diese auffälligen Kinder sind nach meinen Erfahrungen nicht auf diesen Planeten gekommen, um uns zu ärgern. Sie haben nicht irgendwann beschlossen, das Familienleben zu zerstören oder den Unterricht ad absurdum zu führen. Diese kleinen Menschen haben ein Problem, dass durch ihr Verhalten sichtbar wird. Hierbei ist das Verhalten nicht die *Ursache*, sondern das *Symptom*. Es besteht bei keinem Kind ein Vorsatz, seine Umgebung in permanenten Stress zu versetzen. Es gibt vielmehr Hinweise, dass es mit irgendetwas seelisch, geistig oder körperlich unüberwindbar beschäftigt ist. Wenn nur an den Symptomen (Unruhe, Aggression, Konzentration, Schreien) gearbeitet wird, ändert sich dauerhaft selten etwas. „Es verwächst sich zwar irgendwann", kommt aber mit Sicherheit in einer anderen Form wieder. Es gilt, die Ursachen herauszufinden und zu bearbeiten.

1. Körper, Geist und Seele

Körper:

Zu den möglichen körperlichen Ursachen habe ich im Kapitel Osteopathie einiges benannt und aus meiner Erfahrung sind damit die Ursachen vieler Verhaltensauffälligkeiten, Konzentrationsstörungen, Ängste beschrieben. Jedoch können die Symptome Unruhe, Lernprobleme, Aufmerksamkeitsstörungen auch andere Ursachen haben.

In seinem Buch 'Die ADHS Lüge' weist der amerikanische Kinder- und Nervenarzt Professor Dr. Richard Saul auf viele Störungen und Leiden hin, die ähnliche oder identische Symptome zeigen, die auch dem ADHS zugeschrieben werden. Von Störungen der Sinnesorgane, Schlafmangel, affektiven Störungen bis hin zu Zwangsstörungen, Schizophrenie und vielem mehr schreibt er in seinem lesenswerten Buch mit vielen Bespielen. Ob hier in vielen Fällen auch das KiSS-Syndrom eine der Ursachen ist, bliebe zu erforschen. Darüber hinaus können auch Nahrungsmittelunverträglichkeiten oder Funktionsstörungen der Organe zu den oben genannten Symptomen führen.

Der Geist

Mit dem Geist meine ich das Denken. Das Denken ist bei uns Menschen ein kaum zu unterbrechender Vorgang. Was wir denken, können wir manchmal beeinflussen, meistens aber nicht. Was und wie wir denken, formt sich überwiegend aus der Erziehung und unseren Erfahrungen. Daher ist jedes Denken und jede Denkweise verschieden. Da wir unseren Kindern viele Zusammenhänge erklären und ihnen viele Informationen geben, sind die heutigen Kinder sehr weit in ihrem Denken – gelegentlich zulasten anderer Bereiche wie z.B. der Fantasie, des wirklichen Begreifens, der Sinneserfahrungen.

Wenn ich mich mit Kindern unterhalte oder ihren Gesprächen folge, bin ich immer wieder erstaunt, was sie bewegt, über was sie sich Gedanken machen, was sie beobachten, erleben, welche Erkenntnisse sie haben, welche Schlussfolgerungen sie ziehen und welche Meinungen sie sich aus dem Erlebten bilden. Kinder sind sehr aufmerksame Beobachter und wir Erwachsenen registrieren oftmals nicht, was sie alles bemerken. Die Kinder werden hier sicherlich häufig unterschätzt.

Die Meisten von uns wären erstaunt, wenn ihnen bekannt wäre, was ihr Kind über seine Eltern, deren Partnerschaft, die finanzielle Situation, das Verhältnis zum Kind/ zu den Kindern, der Lehrerin/des Lehrers o.a. weiß.

Die Seele

Dass jeder Mensch eine Seele besitzt, ist inzwischen auch in wissenschaftlichen Kreisen akzeptiert. Darüber hinaus hat sich wahrscheinlich jeder schon einmal Gedanken über das Thema „Seele" gemacht.

Die Seele eines jeden Menschen ist für mich einzigartig. Es gibt kein anderes Lebewesen mit dieser Seele und deren innewohnenden Erfahrungen. Die Seele ist vielen Bereichen sicherlich noch unerforscht. Es hat sich jedoch durchgesetzt, dass sie einen nicht unerheblichen Einfluss auf unser Wohlbefinden hat.

Wenn die Seele und der Geist (das Denken) in Schwierigkeiten geraten und sich Ängste, Verhaltensauffälligkeiten, Verweigerungen o.ä. zeigen, gilt es herauszufinden, was die Ursache des Problems ist. Die Kinesiologie ist hier ein hervorragendes Mittel, um Ursachen und Themen zu identifizieren und nach Wegen zu suchen, den Stress zu minimieren.

2. Hierbei kann die Kinesiologie helfen

Ängste:

Angst vor dem Einschlafen/der Dunkelheit/dem Allein sein/dem Verlust einer Person/dem Tod/ zu versagen, Prüfungen

Traumata:
Mobbing in der Schule/ Trennungen/ Tod einer bekannten/geliebten Person oder eines Tieres, Krankenhausaufenthalte/Operationen/Unfälle,

Lernstörungen:
Probleme mit dem Lesen und/oder Schreiben, Rechnen, mit der Merkfähigkeit/ Arbeitsplatzorganisation/Ordnung

Aufmerksamkeitsstörungen:
Konzentrationsschwierigkeiten/Unruhe/Aggressionen/Unsicherheit

Auch die Erfahrungen der Eltern spielen im Seelen-/Gedankenleben der Kinder eine große Rolle. Große Ereignisse wie z.B. die Schwangerschaft, die Geburt, das Heranwachsen des Kindes können Eindrücke hinterlassen, die Einfluss auf den Umgang mit dem Kind haben. Um den möglichen Ursachen auf die Spur zu kommen, tauchen folgende Fragen auf:

Zeugung:
In welcher Lebenssituation der Eltern ist das Kind ins Leben gekommen?
War das Kind gewünscht/geplant/unerwartet/ungewollt?

Schwangerschaft :

Wie ging es den Eltern mit diesem neuen Lebensabschnitt?

War die Schwangerschaft stressig?

Gab es einschneidende Erlebnisse (Todesfälle oder Trennungen, Existenznöte ...)

Haben sich die Eltern ein bestimmtes Geschlecht dringend gewünscht und waren enttäuscht oder gar ablehnend, als es das andere wurde?

Geburt:

Wie lange hat die Geburt gedauert?

Fühlten sich alle gut aufgehoben?

Hatten die Mutter Angst vor oder während der Geburt?

Ist das Kind nach der Geburt von der Mutter getrennt worden (Intensiv -oder Kinderstation) ?

Haben die Hebamme oder die Ärzte negative Bemerkungen über das Kind oder Sie gemacht, die Ihnen bis heute im Gedächtnis geblieben sind?

Bestand Lebensgefahr für Mutter oder Kind?

Heranwachsen des Kindes

Wie ist die aktuelle Familiensituation?

Gibt es schwerwiegende Probleme zwischen den Geschwistern?

Haben Sie sich von Ihrem Mann/Partner oder Frau/Partnerin getrennt?

Gab es Todesfälle in der Familie?

Fühlt sich das Kind in der Schule wohl?

Welche Vorstellungen hat es z.B. von sich selbst, den Menschen, dem Universum?

Welches Thema kommt immer wieder zur Sprache?

Wovor hat es Angst (Tod, Verlust, vor dem Leben, der Lehrerin, Klassenkameraden etc.)

Welche Therapie die Beste ist, sollte im Anschluss verantwortungsvoll ermittelt werden. Viele dieser Merkmale können eine körperliche Ursache haben. Hier ausschließlich im seelisch/geistigen Bereich zu arbeiten, würde möglicherweise keine dauerhaften Änderungen bewirken. Dieses gilt es zu erkennen und gegebenenfalls mit anderen Fachgebieten zusammen zu arbeiten. Nur so kann eine beständig positive Entwicklung einsetzen.

Familie Kramer:

In meine Beratung kommt Frau Kramer mit ihrem Sohn. Der Sohn geht in die dritte Klasse einer Dorfschule und ist dort mehrfach durch aggressives Verhalten aufgefallen. Gespräche mit dem Kind und den Eltern, Bestrafungen und selbst eine Klassenkonferenz haben das Verhalten des Kindes nicht verändern können. Da durch sein Verhalten inzwischen auch der Schulerfolg infrage gestellt wird, gibt es dringenden Handlungsbedarf, der Ursache auf die Spur zu kommen. In der Beratung war

116

der Junge sehr aufgeschlossen. Er gab bereitwillig Auskunft über seine Probleme mit den Schulregeln und Klassenkameraden, konnte mir aber nicht benennen, was der Grund für sein Verhalten und die Schwierigkeiten sein könnte. Er schaute mir gerade ins Gesicht und wirkte auf mich ruhig und zentriert.

In der Beratung stellte sich dann heraus, dass sich der Junge große Sorgen um seinen Vater macht. Der Vater war vor einigen Monaten arbeitslos geworden und diese Arbeitslosigkeit belastete nun die gesamte Familie. Existenzängste, Einschränkungen und nicht zuletzt Gedanken des Vaters zum eigenen Selbstwert bekam der Junge mit.

In der Beratung wurde deutlich, dass der Junge nach seinem Wert und seiner Stellung in der Schulklasse sucht. Jungen regeln dieses selten mit Worten.

Die Kinesiologie hat hier versucht, den Selbstwert des Kindes zu stärken. Seine Fragen zur Arbeitslosigkeit des Vaters konnte die Mutter beantwortet, um möglichst viel Klarheit herzustellen.

Das Verhalten des Jungen in der Schule hat sich danach verbessert.

Familie Singer:
Joel wurde bei mir vorgestellt. In der Schule fiel Joel durch aggressives Verhalten auf. Die Mutter und er hatten bereits einiges hinter sich: Gespräche mit der

117

Lehrerin und der Direktorin, eine Klassenkonferenz. Sogar einige Eltern der anderen Kinder hatten sich schriftlich gegen Joel und einige andere Kinder in der Klasse geäußert!

In der Beratung baute sich Joel wie eine Wand vor mir auf. Im Äußeren völlig distanziert, wirkte er, als würde er bei einer 'falschen' Frage meinerseits mindestens mit Worten aggressiv werden. Jedoch sah ich an seinen Augen, dass ihn meine Kommunikation mit ihm nicht kalt ließ. Die Mutter erzählte mir zuvor bei der Termin-absprache, dass Joels Vater gestorben war als er ein-einhalb war.

Joel beantwortete meine Fragen zurückhaltend, aber als ich seinen Vater erwähnte, kamen ihm Tränen in die Augen. Er versuchte, sie mir nicht zu zeigen und wollte nicht darüber reden. Jedoch zeigte sich mit Hilfe des Muskeltests , dass Joels aggressives Verhalten hier sei-ne Ursache hat. Seine Wut war eigentlich nur das Symp-tom – die unendliche Traurigkeit über den Verlust des Vaters die Ursache!

Joel wusste nicht viel über das, was damals geschehen war, sodass wir die Beratung u.a. dazu nutzten, ihm hier mehr Klarheit zukommen zu lassen. Es fiel ihm nicht leicht, der Mutter zuzuhören. Ich erklärte Joel die Wich-tigkeit der Trauer, auch wenn es nicht einfach ist, seine Gefühle zu zeigen und dass seine Gefühle als Wut in Erscheinung treten. Auch Joels Verhalten veränderte sich zum besseren.

Beide Kinder wurden als ADHS-Kinder eingestuft.
Wenn ein Kind in der heutigen Zeit auffällig wird, ist die Vermutung ADHS schnell in den Köpfen aller Beteiligten. Die Definition von ADHS im ICD 10 (International Classification of Desease) schafft die Möglichkeit, nahezu jedes auffällige Kind in dieses Symptombild einzuordnen, die Diagnose ADHS auszusprechen und das Leiden mit Medikamenten zu behandeln.

Mir ist wichtig, den wahren Gründen auf die Spur zu kommen und diese mit guten Therapeuten zu beseitigen. Dass KiSS-Syndrom hat sich als eine der wiederholt auftretende Ursache bei ADHS gezeigt.

Ziel erreicht

„Hätten wir das eher gewusst, wäre uns viel Leid erspart geblieben!" ist ein Satz, den der Osteopath und ich sehr viele Male gehört haben. So entstand der Gedanke, dieses Buch zu schreiben. Das Ziel meines Buches ist es, unser Wissen so vielen Menschen wie möglich zugänglich zu machen und es ermöglicht Ihnen, sich auszusuchen, was für Ihre Familie oder Situation passt. Eine gute Möglichkeit für beide Seiten.

Ob die Informationen hilfreich sind, entscheiden Sie. Die Informationen sind nur dann passend für Sie oder Ihre Familie, wenn Sie diese annehmen können und Sie Ihrem Ziel näher gekommen sind.

Wenn das Vorgeschlagene nicht angenommen werden kann, ist es nicht das Richtige und es gilt weiterzusuchen. Das ist oft mühsam, aber es lohnt sich. Es gibt immer Wege, eine Situation zu verbessern!

Zu guter Letzt:

Das Leben mit Kindern bringt jeden Tag (mehrmals) neue Herausforderungen. So ist es nun einmal in der Kinderzeit. Es gibt auch wieder andere Abschnitte in unserem Leben.

Wahrscheinlich haben Sie sich dieses Buch gekauft, um von neuen Ideen zu lesen oder von möglichen Lösungen für Ihre Probleme zu erfahren. Ich hoffe sehr, dass mein Buch Ihre Erwartungen erfüllt hat.

Wenn nur eine Information aus meinem Buch dazu geführt hat, dass sich Ihr Leben mit Ihren Kindern zum Postiven verändert hat, so freut mich das von Herzen. Das war mein Ziel.

Von ganzem Herzen alles Gute für Sie und Ihre Familie!
Anke Wortmann

Literaturliste

Biddulph, Steve: Jungen! Wie sie glücklich heranwachsen, Heyne 2002

Campe, Robert: What's App, Mama, Eden Books 2017

Davis, Ronald D.: Legasthenie als Talentsignal, Droemer Knaur 2001

Gotzsche, Peter C.: Tödliche Medizin und organisierte Kriminalität, Wie die Pharmaindustrie das Gesundheitsweisen korrumpiert, riva 2015

Hattie, John: Visible Learning, 2008

Hattie, John: Kenne deinen Einfluss, Schneider Hohengehren 2017

Hüter, Gerald und Bonney, Helmut: Neues vom Zappelphillip, ADHS verstehen, vorbeugen und behandeln Beltz Taschenbuch 927, 2012

Patzlaff, Rainer und Saßmannhausen, Wolfgang: Kindheit – Bildung – Gesundheit, Leitlinien der Waldorfpädagogik für die Kindheit von 3 – 9 Jahren, Teil 1, Herausgeber ist die Pädagogische Forschungsstelle beim Bund der Freien Waldorfschulen e.V.

Saul, Richard: Die ADHS Lüge, Eine Fehldiagnose und ihre Folgen. Klett-Cotta 2014

Schulte-Markwort, Michael: Burnoutkids, Wie das Prinzip Leistung unsere Kinder überfordert., Pattloch 2015

Strelecky, John: Das Leben gestalten mit den Big Five for Life, dtv 2018

Science Daily: A. Khaleque, R.P. Rohner, Transnatural Relations Between Perceived Parental Acceptance and Personality Dispositions of Children and Adults: A Meta-Analytic Review, Personality and Social Psychology Review, 2011,16 (2)
aus: www.fuerkinder.org, Wolfgang Bergmann, Stiftungsinitiative für Kinder 2012
Science Daily: J.L. Luby et al., Maternal support in early childhood predicts larger hippocampal volumes at school age. Proceedings of the National Academy of Sciences, vorab online pupliziert, 30. Januar 2012 aus: www.fuerkinder.org, Wolfgang Bergmann, Stiftungsinitiative für Kinder 2012

Weblinks:

Wissenschaftliche Vereinigung für Augenoptik und
Optometrie: www.wvao.org

Audio-Psycho-Phonologie (APP), Hörverarbeitung:
www.tomatis.de

Förderkreis Three in One Concepts e.V. :
www.3in1concepts.de (Sprache auswählen!)

Deutsche Gesellschaft für osteopathische Medizin e.V.:
www.dgom.info

Gesellschaft Anthroposophischer Ärzte: www.gaäd.de

Wissenschaftliche Gesellschaft für Homöopathie:
www.wisshom.de

Arbeitsgemeinschaft Interdisziplinäre Medizin:
www.aim-hannover.de

Wolfgang Bergmann, Stiftungsinitiative für Kinder:
www.fuerkinder.org

Mondwissen: www.paungger-poppe.com

Zeitfracht Medien GmbH
Ferdinand-Jühlke-Straße 7
99095 Erfurt, Deutschland
produktsicherheit@kolibri360.de